부의 길에 올라서라

세계 부자들이 찾는
러셀 콘웰 부자 되는 법

부의 길에
올라서라

러셀 H. 콘웰 지음
양부현 편역

알투스

러셀 콘웰은 데일 카네기, 지그 지글러, 브라이언 트레이시, 나폴레온 힐, 제프리 폭스 등 미국 성공학, 자기계발 전문가들이 추천하는 스승이다.

그는 말했다. "돈은 힘이다. 누구나 돈에 대해 정직한 야망을 가져야 한다. 돈이 있을 때 더 많은 선을 베풀 수 있다."

그는 백만장자 4천 43명의 생애를 조사했다.
고졸 이상의 학력자가 69명뿐이었고 대부분 집안 배경이 형편없었다. 배움도 없고 배경도 없는 백만장자들은 공통점이 있었다. 정확한 목표, 뜨거운 열정, 절대 후퇴하지 않는 집요함이었다.

저자소개

러셀 콘웰 Russell H. Conwell 1843~1925

매사추세츠 버크셔에서 태어났다. 작은 오두막집에서 가난하게 성장한 그는 책 외판원을 하면서 학비를 벌었다. 장사를 위해 들고 다니던 책을 모두 다 읽은 것이 위대한 연설가가 되는 거름이 되었다. 독서를 통해서 세상을 읽는 눈을 가질 수 있었다.

예일대에 입학한 그는 참혹한 가난을 겪으며 공부했는데, 훗날 "말로 설명하기 힘들 만큼 가난으로 고통받았으나 '쾌활'한 모습으로 일하는 것만이 고통을 견뎌 낸 비결이었다"라고 회상했다.

대학생 장교 신분으로 남북전쟁에 참전할 당시 그를 부대장으로 추대하며 함께 참전한 부하들의 가족과 이웃에게서

'검'을 선물 받았는데, 전장에서 그 '검'을 지키려다가 열여섯 살 어린 부하가 사망했다. 안타까움과 죄스러운 심정으로 그의 삶까지 살아 내겠다는 결심으로 평생 하루 16시간을 일했다.

매사추세츠에서 유명한 연설가이던 존 B. 고프의 추천으로 연설을 시작한 러셀은 생계를 위해 신문기자와 변호사 일을 이어 가며, 위대한 연설가가 되기 위해서 실전 경험을 쌓아 갔다.

1879년, 37세가 되던 해에 변호사로서 큰 명성을 얻고 있었으나, 과감히 자신의 오랜 꿈이던 목사로 전업했다. 이후 전국을 돌면서 '다이아몬드의 땅Acres of Diamond'이라는 이름으로 5천 회 이상의 강연을 이어갔다.

강연의 메시지는 '지금, 이곳에서, 당신이 진정으로 원한다면 모든 것을 이룰 수 있다'였다. 그 메시지는 현대인들에게까지 큰 울림을 주며 '다이아몬드의 땅'은 미국인들이 성경책 다음으로 많이 읽은 강연록이 되었고, 모든 자기계발서의 동기가 되었다.

그는 강연료로 받은 수입을 개인적으로는 전혀 사용하지 않았고, 템플 재단을 설립해 어려운 사람을 돕고 그들에게 용기를 주는 데 썼다. 그는 필라델피아에 있는 템플대학과 사마리탄 종합병원을 설립하였고, 공익정신이 무엇인지 보여 주었다.

'All Good Things are Possible, Right Where You are, and Now'라는 그의 주장은 현대인에게도 삶의 철학이 되고 있다.

이 책은 러셀 콘웰의 강연에 대해 남아 있는 기록,

그를 기억하는 사람들의 회고 등을 모아

그의 강연 내용을 재구성한 것으로

직접 강연을 듣듯 그의 목소리를 느끼며

소리 내어 읽기를 추천합니다.

시대 배경이 다르고 현재와 정서가 다름을 이해하며 읽는다면

더욱 감동을 느끼고 자신을 변화시킬 수 있을 것입니다.

_역자 편자가 드리는 말씀

러셀 콘웰의 생활 원칙 10가지 따라하기

1 부자 동네를 걸으라

2 내 집을 가져야 어른이 된다

3 발명의 눈을 가지라

4 또렷하게 말하라

5 평범한 것을 사랑하라

6 새 일을 찾기 전에 원래 일을 그만두지 말라

7 목표는 크게 가지라

8 매일매일 뭐라도 변화하라

9 극심한 고통의 시기는 더 '쾌활하게' 지내라

10 작은 숲이라도 자연을 가까이하라

제 말씀이 성공을 이루는 길잡이가 되기를 간절히 바랍니다.

저는 자랑할 것이 없습니다. 책이나 설교집, 강연, 신문 인터뷰 등을 일일이 모아 두지도 않으며 제 자신의 말이나 인생을 기록하지도 않습니다. 그 모든 것은 오직 저와 여러분의 가슴속에 있다고 생각합니다.

저의 강연을 들은 셀 수 없이 많은 사람, 저의 미흡한 강연으로 어려움을 이겨 냈다고 하시는 분들, 꿈을 이루셨다는 분들의 삶이 제 삶을 대신 말해 주고 있습니다. 저는 그분들이 내 인생의 자서전을 대신한다고 생각하며 진심으로 감사드립니다.

이 글을 쓰는 저는 이제 자연의 순리에 따라 강단을 떠나야 할 시간이 얼마 남지 않았습니다. 그러나 제가 드리는 말씀은 영원히 남아서 시련을 겪고 있는 분들께 극복하는 동기가 되고 성공을 이루는 길잡이가 되기를 간절히 바랍니다.

매사추세츠, 사우스 워싱턴에서

러셀 콘웰

제 말씀이 성공을 이루는 길잡이가 되기를
간절히 바랍니다.

3장. 위대한 부자가 되는 방법

부자가 되는 방법과 부자가 되어야 하는 이유

이것만은 꼭 기억해야 할 35가지 부자 명언

1장. 부자가 되는 것은 당신의 의무다

이 땅에서 가장 소중하고 가치 있는 것은 '사랑'입니다.
그렇다면 사랑하는 사람이 부자이기까지 하다면
얼마나 좋겠습니까. 그건 정말 생각만 해도 멋집니다.

부자가 되는 것이 의무인 이유

저는 강연 때마다 강조합니다. 부자가 되라고요. 부자가 되는 것은 당신의 의무입니다. 이 말씀을 거듭 드리면 많은 사람이 저를 힐난하며 묻습니다.

"당신은 목사면서 온 나라 젊은이들에게 부자가 되라고 말합니다. 그래서 당신은 돈이라도 많이 벌었나요?"라고요.

그러면 저는 자신 있게 대답합니다.

"그렇습니다. 많이 벌어 왔고 더 많이 벌려고 노력합니다."

놀라면서 고함을 치는 분도 계셨습니다.

"어쩌면 그럴 수가 있나요? 목사라는 양반이 돈 버는 방법보다는 복음을 전하는 일에 신경 써야 하지 않나요?"

그런 충고를 들을 때마다 저는 이런 대답을 합니다.

"정직하게 돈을 많이 버는 방법을 가르치는 것은 복음을 전하는 일입니다."

모두 이해할 수 없다는 표정을 짓습니다.

주변을 한번 돌아보십시오. 어쩌면 부자인 사람이 정직한 사람인지도 모릅니다. 이런 말을 들으면 어이없다고 하실 수도 있습니다.

"그건 말도 안 되는 엉터리 같은 소리입니다. 부자는 부정을 저지르는 비열한 사기꾼이 더 많은 법이지, 정직하다는 건 말도 안 됩니다"라고 답하는 사람이 대부분입니다.

그러면 비열한 사기꾼이 되기 싫어서 아직 부자가 되지 않았습니까? 당신이 아직 내세울 만한 자산이 없는 이유는 무엇입니까? 부자는 되고 싶지만 부자에 대한 부정적인 인식이 머리에 가득할지도 모릅니다. 그런 부정적인 생각은 완전히 잘못된 것입니다. 그렇게 부자에 대해 부러워하면서도 부정적인 생각이 가득하기에 부자가 되고 싶어도 되지 못하는 것입니다.

내가 아는 바로는 부자들은 대부분 정직합니다. 물론 백 퍼센트 다 그렇지는 않습니다만 대부분은 정직한 사람들입니다. 그들이 어떻게 부자가 될 수 있었을까요? 그들이 사업을 하며 돈을 벌 수 있는 이유가 무엇일까요? 그들이 기업을 운영하며 많은 사람을 고용할 수 있는 이유는 무엇일까요? 그 이유는 그들의 대부분은 정직하기 때문입니다.

제 대답에 이런 반박을 하는 사람도 있습니다.
"엄청난 돈을 부정하게 벌어들이는 사람들도 많아요."
물론 그런 사람도 있고 그런 뉴스도 많이 나옵니다. 그러나 그런 경우는 매우 적습니다. 소수가 그러므로 그것이 화제가 되고 뉴스에 나오는 것입니다. 그런 드문 경우를 보고 정직하게 돈을 버는 부자들까지도 비열한 사람이라고 손가락질하는 것은 잘못입니다.

시간이 날 때마다 고급 주택이 들어선 좋은 동네를 찾아가 보십시오. 멋진 집에서 근사하게 인테리어하고 우아하게 사는 사람들을 멀리서라도 보십시오. 사람은 자기 집을 갖기 전까지는 진정한 성인이라 할 수 없습니다. 자기 집을 소유한 사람만이 책임이 무엇인지도 알게 되고 더 성실해질 수 있습니다. 자기 집을 가지고 나면 오히려 사려 깊고 검소하게 생활할 수 있습니다. 기회가 되면 큰 회사를 경영하는 사람들을 만나 보십시오. 그들이 어떤 사람들인지 객관적으로 살펴보십시오. 제 말이 맞는 것을 알 수 있을 것입니다.

돈을 번다는 것, 엄청나게 많은 돈을 번다는 것이 기독교의 가르침에 모순된다고 말하는 사람들이 있습니다. 절대 그렇지 않습니다. 기독교에서는 탐욕을 경계할 뿐입니다. 기독교에서는 탐욕을 책망하는 것이지 돈 버는 행위 자체를 욕하지 않습니다. 우리는 부자들이 부정한 이익을 취한다는 말을 너무 많이 들어서 부자는 나쁜 사람 욕심 많은 사람이라는 편견을 갖게 된 것입니다.

온 세상에 기부가 필요한 곳이 많지만 기부금은 항상 부족합니다. 사람들은 돈을 많이 벌려는 행위를 욕하면서 가난한 곳에 손길이 미치지 못하는 것을 비판합니다. 돈은 힘이 됩니다. 부자가 되겠다는 야망을 가져야 합니다. 우리는 돈이 없을 때보다 돈이 많을 때 더 큰 힘을 가질 수 있고 더 많은 선행을 베풀 수 있습니다. 그래서 반드시 부자가 되어야 합니다.

여러분이 읽는 책을 인쇄하는 것도 돈입니다. 돈이 없으면 아무것도 할 수 없습니다. 저는 제가 한 일에 대한 보수를 인상해 달라고 할 때 당당하게 이야기합니다. 좋은 곳일수록 쉽게 보수를 인상해 줍니다. 이것은 진리이고 어떤 예외도 있을 수 없는 원칙입니다.

최고의 급여를 받는 사람이 최고 수준의 일을 할 수 있습니다. 그만한 능력이 있는 사람이기 때문입니다. 물론 높은 보수를 받는 사람인 만큼 열심히 일하겠다는 올바른 정신을 갖고 있어야 합니다.

우리는 부자가 되어야 합니다. 정직하게 벌어서 최고의 부자가 되어야 합니다. 그것은 사람의 도리이며 하나님이 우리에게 부여한 임무입니다. 혹시 훌륭한 사람이 되기 위해서는 돈 욕심이 없어야 한다고 생각한다면 지금부터 생각을 달리하십시오. 그것은 완전히 잘못된 생각입니다.

이런 질문도 있을 것입니다.

"그렇다면 러셀 당신은 가난한 사람을 싫어합니까?"라고. 그렇지 않습니다. 저는 가난한 사람을 연민합니다. 그렇지 않았다면 제가 오늘날 이런 자리에 서 있지도 않을 것입니다. 저는 가난한 사람들을 안타깝게 생각하지만, 진정 동정 받아야 할 가난한 사람은 매우 극소수라고 생각합니다.

자신이 가난한 이유가 자신의 약한 배경 때문이라고 여기거나 다른 사람 탓을 하는 등 가난한 이유에 온갖 변명을 늘어놓는 사람은 동정조차 받을 수 없습니다. 그런 사람들을 도와줄 여력으로 차라리 더 보람 있는 일을 할 수 있습니다. 어떤 경우든 가난은 잘못입니다.

"이 세상에 돈보다 더 소중한 것이 있다고 생각하지 않는 겁니까?"

누군가는 저에게 이렇게 묻습니다. 물론 저는 돈보다 더 귀한 것이 많다고 생각합니다. 세상에는 돈보다 소중한 것이 많고도 많습니다. 저는 죽음을 생각할 때마다 이 세상에 돈보다 소중하고 진실한 것이 많다는 것을 더 절실히 느낍니다. 돈보다 소중하고 귀한 것이 많다는 것을 저는 분명히 알고 있습니다. 사랑이 이 땅에서 가장 소중하고 가치 있는 것이라는 주장에 아무도 이의를 제기하지 않습니다. 그렇다면 사랑하는 사람이 부자이기까지 하다면 얼마나 좋겠습니까? 그건 정말 생각만 해도 멋집니다.

돈은 힘이 되어 주고, 권력이 되어 줍니다. 돈은 절대 악이 아닙니다. 돈은 선을 베풀 수 있게 하는 바탕이 됩니다. 착한 사람이 돈을 가지면 선행을 베풀 것입니다. 실제로 돈은 많은 선행을 베풀어 왔습니다. 예를 들어 매일 아침 기도를 하며 하나님께 감사하는 한 남자가 있다고 합시다. 그의 아내는 모진 고생을 하면서 가정을 꾸려 가는 중이라면 옆에서 그런 기도를 들을 때마다 기분이 어떻겠습니까?

진실한 사람이 되기 위해서는 가난해야 한다고 생각하는 사람들이 더러 있습니다. 절대 그렇지 않습니다. 그것은 잘못된 생각입니다. 가난한 사람에게 위로하듯 그런 식으로 말해서는 절대 안 됩니다. 그런 편견은 우리 마음에 깊이 박혀 있습니다. 이제라도 그런 편견에서 벗어나야 합니다.

수년 전 템플대학에서 강의하고 있을 때 있었던 일입니다. 신학과에 재학 중인 한 학생이 찾아왔습니다. 그 학생은 무척 신앙심이 깊은 학생이었는데 이렇게 따지듯 말했습니다.

"교수님께 항의하고 싶은 게 있습니다. 이렇게 말씀드리는 것은 저의 의무라고도 생각합니다. 교수님의 강의를 듣다 보니 젊은이는 부자가 되려는 야망을 가져야 한다고 하셨습니다. 심지어 그런 부자가 되겠다는 야망은 고귀한 것이라고까지 하시더군요. 돈이 사람을 절제하게 만들고, 명예를 지켜 주고 성실하게 한다고 하셨습니다. 부자가 되겠다는 야망이 우리를 선한 사람으로 만드는 기본이라고요. 교수님, 그건 너무나 잘못된 것입니다. 성경에서는 '돈은 모든 악의 근원이다'라고 쓰여 있지 않습니까?"

나는 성경에서 그런 구절을 읽은 적이 없었기에, 그 학생에게 성경에서 그 구절을 찾아서 보여 달라고 했습니다. 그는 성경을 펼쳐 내밀었습니다. 그 학생의 태도는 오만함이 가득했습니다. 그는 빈정대듯이 말했습니다.

"여기 보세요. 교수님이 직접 읽어 보시지요."

"자네가 나이 들면 알겠지만, 성경은 정확하게 뜻을 이해하며 읽어야 한다네. 자네는 지금 성경을 전혀 다르게 읽고 있어. 자네가 그 구절을 정확하게 읽어 보겠나?"

그는 성경책을 들고 큰소리로 또박또박 한 구절을 읽었습니다.

"돈을 사랑하는 것은 모든 악의 근원이다."

그 학생은 또박또박 그렇게 읽었습니다. 성경을 정확하게 읽어야만 우리는 절대적인 진리를 발견하는 것입니다. 나를 찾아온 그 학생은 성경을 읽었지만 정확하게 읽지 못했습니다. '돈을 사랑하는 것이 모든 악의 근원이다'라는 절대적 진리를 읽어야 합니다. 돈을 조급하게 벌려는 사람, 돈을 부정한 방법으로 벌려는 사람은 유혹에 빠지게 됩니다. 그것이 당연한 결론입니다. 그렇다면 돈을 사랑한다는 것이 어떤 의미입니까? 그것은 돈을 우상화한다는 뜻이지요. 성경에서 경계하라고 말한 것은, 또한 비난받아 마땅한 것은 돈에 대한 무조건적인 우상화입니다. 돈의 사용 방법에 대해서는 생각하지도 않고, 무조건 돈을 숭배하려고 하는 사람, 남한테 돈 한 푼 쓸 줄 모르는 구두쇠, 살기 좋은 세상을 위해 투자하지 않는 인색한 사람, 죽음 앞에서조차 돈에 집착하는 사람……. 바로 그런 사람들이 모든 악의 근원인 것입니다. 돈이 모든 악의 근원이 아니라, 돈만을 좇는 돈에 대한 집착이 모든 악의 근원인 것입니다.

당신이 부자가 되지 못하는 이유

"부자가 되고 싶습니다. 당신 말대로 부자가 꼭 되겠습니다. 그런데 이런 작은 지방 도시, 저의 이런 배경에서도 부자가 될 수 있을까요?"

모두 이런 질문을 합니다. 작은 도시든, 시골이든 자신이 처한 위치가 부자가 못 될 조건이라고 생각하는 것입니다. 또는 다른 조건도 마찬가지지요. 기회는 언제 어디서나 있습니다. 중요한 것은 자신이 처한 조건을 불평만 하지 말고 정확히 파악하는 것입니다. 자신의 현재 상황을 파악하는 순간, 기회는 자신의 것이 됩니다.

한 신사가 저에게 이런 말을 한 적이 있습니다.

"콘웰 씨, 당신은 이 도시에서 살아온 지난 31년 동안 상당한 성공을 거두었습니다. 하지만 앞으로는 그러지 못할 겁니다. 이제는 시대가 완전히 변했으니까요."

"아닙니다. 저는 전혀 그렇게 생각하지 않습니다."

"아니요. 이제 이 도시는 더 이상 기회의 도시가 아닙니다. 제가 직접 겪고 있는 일입니다."

"실례되는 질문이지만 어떤 일을 하고 계시나요?"

"나는 이 도시에서 20년 넘게 가게를 운영해 왔는데, 최근에는 한 달에 1천 달러 이상을 벌어 본 적이 없습니다."

"이 도시에서 살아온 가치를 이 도시에서 당신이 얻은 이익을 근거로 평가할 수 있지요. 그 사업 수익은 자신이 지금, 이 순간에 이 세상에서 어떤 의미가 있는가를 말해 주는 것입니다. 외람된 말씀이지만, 당신이 이 도시에서 20년 동안 사업해 왔는데 이제 한 달에 1천 달러 이상을 벌지 못한다면 이 도시는 당신을 내쫓아야 합니다. 이 도시에서 20년 동안 가게를 운영했다면 최소한 지금까지 50만 달러는 벌었어야 합니다. 그렇지 않았다는 것은 가게를 운영할 자격이 없다는 뜻입니다. 또 그렇게 오랫동안 장사를 했다면 적어도 한 달에 5천 달러의 매출은 올려야 합니다."

저는 그분께 이렇게 말했습니다. 부연 설명을 해 보겠습니다. 예를 들어 여러분이 어떤 가게를 운영한다고 해 봅시다. 그렇다면 주변의 이웃들이 뭘 원하는지 알아야 합니다. 다시 말해 그들에게 무엇을 제공해야 하는지 정확히 알고 있어야 한다는 것입니다. 고객들이 원하는 것을 알아내고, 그런 상품이나 서비스를 제공했을 때 얼마의 이익이 남는지 조목조목 따져서 계산해 보아야 합니다. 그러면 해결책이 나올 것입니다. 돈은 잡을 수 없도록 멀리 있는 것이 아닙니다. 아주 가까운 곳에 있습니다.

그러면 또 어떤 사람은 이렇게 말할 수도 있습니다.
"당신은 목사입니다. 사업을 잘 모르십니다. 목사가 사업에 대해 뭘 알아요?"라고요. 천만의 말씀입니다. 제가 사업에 대해 어떤 과정을 거쳐 전문성을 갖게 되었는지 말씀드려 보겠습니다.

제 아버지는 산골 마을에서 가게를 운영하셨습니다. 그 가게는 정말 구멍가게라고 말할 수밖에 없는 작은 가게였습니다. 그렇지만 그 시절 시골의 작은 구멍가게는 온갖 종류의 장사를 경험해 볼 수 있는 곳이기도 했습니다. 아버지가 가게를 비우시게 되면 언제나 가게를 저에게 맡기셨지요. 어느 날 한 남자 손님이 와서 물었습니다.

"잭나이프 있니?"

"아니요. 없어요."

저는 입으로는 노래를 흥얼거리며 시큰둥하게 대답했습니다. 내가 알지도 못하는 그런 손님 한 사람에게 관심을 가질 이유는 없었지요.

다음 날은 이웃의 농부 한 명이 찾아와서 똑같이 물었습니다.

"잭나이프가 있니?"

"아니요."

이번에도 저는 별다른 관심을 두지 않았지요. 그런데 세 번째 손님도 똑같이 물었습니다. "잭나이프 혹시 없니?"

저는 시큰둥하게 대답했습니다.

"아니, 없어요. 사람들은 왜 잭나이프만 찾는 걸까요? 우리가 잭나이프만 쌓아 놓고 파는 줄 아시나."

혹시 여러분도 이런 방식으로 장사를 하고 있지는 않나요? 그 어린 나이에 저는 신앙과 사업의 원칙이 완전히 똑같다는 것을 전혀 깨닫지 못했습니다. 적어도 세 번째 손님을 위해서는 잭나이프를 준비해 두었어야 합니다. 다른 사람을 최대한 배려하는 것은 종교나 사업이나 마찬가지입니다. 가게에 온 손님에게 최선을 다해야 했고 잭나이프를 준비했어야 했습니다. 그것이 가게를 운영하는 사람의 마땅한 의무입니다.

신앙심과 사업을 다르게 생각하는 사람들이 있습니다. 그건 잘못된 생각입니다. 오히려 밑지고 장사를 한다면 그것은 종교에 위배되는 일입니다. 자신을 소중하게 생각하지 않는 사람이지요. 자기 아내를 소홀히 대하는 사람에게 믿음을 가져서는 안 되는 것처럼 말입니다. 명예를 소중히 하지 않는 사람을 믿을 수는 없습니다. 장사로 돈을 벌지 않으면, 아내도 명예도 지킬 수 없으니까요.

그 손님들에게 잭나이프를 팔고 이윤을 남기는 것이 제 의무였습니다. 손님에게 부당하게 비싼 값을 요구할 권리가 없는 것처럼, 너무 싸게 팔아서 이익을 남기지 않을 권리도 우리에겐 없는 것입니다. 내가 이익을 남기고 팔면 그걸 산 손님도 그 상품을 통해 어떤 이익을 얻게 됩니다. 모두 더불어 잘살게 되어야 합니다. 인생을 즐기십시오. 저에게는 오늘 이 신성한 자리가 억만금을 얻는 행복보다 훨씬 더 큽니다. 제가 살아오면서 깨달은 내용을 이렇게 여러분과 나누면 그 수백 배의 보상이 뒤따라올 것입니다.

저의 자화자찬으로 들릴 수도 있지만, 저는 이렇게 말해도 될 만한 나이가 되었습니다. 그동안 저는 많은 사람을 도와드렸고 도움을 드리기 위해 노력했습니다. 그래서 행복했습니다. 우리는 남을 도울 수 있어야 합니다. 남을 돕는 행위에서 행복을 찾을 수 있어야 합니다. 당연히 정당한 방법으로 돈을 벌어야 합니다. 다른 사람이 정당하게 일해서 얻은 대가를 빼앗는다면 어마어마한 돈을 벌었다고 하더라도 결코 성공한 사람이라고 할 수 없습니다. 진정 의미 있는 삶은 자신의 이익을 챙기면서도 이웃에게 자신의 이익을 나누어 주는 삶입니다. 실제로 수많은 백만장자가 그런 삶을 살고 있습니다.

다시 앞의 이야기로 돌아가겠습니다. 작은 도시에서 20년 간 가게를 운영하면서도 돈을 벌지 못했던 사람은 한마디로 말해 가게 운영을 제대로 하지 못한 것입니다. 만약 내일 아침 제가 그 가게를 찾아가서 이렇게 묻는다고 가정해 봅시다.

"저기 124번지에 사는 사람을 아십니까?"
"그럼요 잘 알지요. 우리 가게 단골손님이니까요."
"그 사람 고향이 어디인지 아시나요?"
"그건 모르겠어요."
"그럼, 가족이 몇인지 아시나요?"
"모르겠는데요."
"어떤 정당을 지지하는 사람인지 아시나요?"
"그건 모르죠."

"그 손님 종교는 무엇인지 아시나요?"

"모릅니다. 그런 게 장사와 무슨 상관있습니까? 도대체 그런 걸 묻는 이유가 뭡니까?"

여러분도 이런 식으로 대답하실까요? 그렇다면 여러분은 제가 아버지 가게를 잠깐 봐 드릴 때와 같은 방법으로 사업을 하는 겁니다.

새로운 고객이 최근 이사 온 분이라고 하는데도 어디서 왔는지 모르고, 관심도 없지요. 만일 그런 것까지 신경을 썼다면 여러분은 지금쯤 다 부자가 되었을 것입니다. 가게 운영만을 말하는 것이 아닙니다. 고객들이 무엇에 관심을 보이는지 살펴본다면, 그들에게 필요한 것을 예측한다면, 여러분은 사업체를 잘 운영할 수 있습니다. 하지만 '부자가 되기는 너무 어려워'라고 말하면서 대충대충 살아간다면, 돈을 벌지 못하는 것은 전적으로 자신의 탓입니다.

부자 부모를 둔 사람을 부러워하지 말라.

어떤 분은 이렇게 말합니다.

"저는 사업을 하고 싶지만 할 수가 없습니다. 자본이 없기 때문에요."

이런 사람들이 정말 많습니다. 미래를 볼 줄 모르는 나약한 사람들, 마음속에 허영심만 가득 차고 쓸데없이 자존심을 내세우는 사람들이죠. 그런 사람들은 "충분한 자본만 있으면 나도 부자가 될 수 있지"라고 장담합니다.

그런 분을 보면 저는 이렇게 말합니다.

"당신은 정말 자본만 있으면 부자가 될 수 있다고 생각하시나요?"

"물론이죠. 자신 있습니다."

"그렇다면 당연한 일입니다. 당신이 부자가 못 되는 게 말입니다."

예를 들어 당신의 부모님이 당신에게 사업체를 차려 주었
다고 가정해 봅시다. 그러면 그것은 누구의 것인가요? 그건
부모님의 사업체입니다. 노력도 없이 어느 날 갑자기 돈이
생긴다면 그 순간 당신은 재앙의 구렁텅이로 빠지고 말 것
입니다.

당신이 부모의 입장이라면 유산을 물려주는 것은 자식
들에게 아무 도움도 되지 않습니다. 그러니 자식들에게 유
산을 물려주지 마십시오. 그것은 오히려 자식에게 독이 되
는 경우가 더 많습니다. 대신 자식들에게 충분한 교육을 받
도록 해 주십시오. 그들에게 올바른 도덕관을 심어 주고, 많
은 친구를 사귀도록 도와주십시오. 명예롭게 사는 것이 어
떤 것인지 깨닫게 해 주십시오. 그런 것이 자식들에게 돈을
물려주는 것보다 훨씬 가치 있습니다. 자식에게 돈을 쥐여
주는 것은 결국 자식에게 손해가 될 뿐만 아니라 국가를 생
각해서도 커다란 손실입니다.

젊은이들은 만약 유산을 물려받게 되더라도 그것을 부모의 도움이라 여기지 마십시오. 그 유산은 평생 당신을 따라다니며 괴롭히는 역할을 할 것입니다. 오히려 당신 인생에서 가장 멋진 순간을 빼앗아 갈 것입니다. 나는 재벌가의 자식들을 가엾게 여깁니다. 그들은 인생에서 가장 멋진 순간이 무엇인지 모르기 때문입니다.

인생에서 멋진 순간 중 하나는 자신의 힘으로 성공해 좋은 배우자를 만나고, 자기의 가정을 만들기로 결심하는 때입니다. 그때가 되면 진정한 사랑의 의미를 깨닫게 되고 돈을 모아야겠다고 간절히 바라게 될 것입니다. 자신의 나쁜 습관들을 고쳐 나가고 은행에 차곡차곡 저축하기 시작할 것입니다. 그렇게 모은 돈으로 작은 집을 구할 것입니다. 결혼을 약속한 연인에게 인생에서 가장 멋진 목소리로 이렇게 말할 것입니다. "이곳이 우리의 보금자리입니다. 여기서 우리 행복하게 살아 보아요"라고. 비록 자기 소유가 아니더라도 따뜻하게 꾸며 나갈 수 있는 것입니다.

얼마나 감동적인 순간입니까? 이때만큼 우리 가슴이 뜨거워지는 순간은 없습니다. 그러나 부모로부터 모든 것을 물려받은 부잣집 자식은 이런 감동을 느끼지 못합니다. 물론 더 좋은 집에서 시작할 수 있겠지요. 하지만 이렇게 말해야겠지요.

"이 집은 우리 아버지가 사 주신 거야."

"이 가구들은 우리 어머니가 사 주신 거야."

이렇듯 스스로 이루어 낸 첫 출발의 감동을 느끼지 못한 부잣집 자식들은 자신이 이루어 낸 것의 소중함을 평생 알지 못하고 살아가게 됩니다.

여러 통계가 있겠지만, 부잣집 자식으로 태어나서 유산을 물려받아도 평생 그 부를 유지하지 못하는 경우가 더 많다고 합니다. 물론 부잣집 자식이 다 그런 것은 아니지요. 좋은 사례도 있습니다. 유명한 백만장자인 밴더빌트* 씨의 자식은 모든 부자 자녀의 모범이 될 만합니다.

밴더빌트 씨의 아들, 윌리엄 헨리는 아버지에게 이렇게 물었다고 합니다.

"아버지께선 어떻게 이 많은 돈을 벌 수 있으셨습니까?"

"나는 주당 25센트를 받으면서 나룻배 짐꾼부터 시작했
단다."

"그렇다면 저도 아버지에게 한 푼도 물려받지 않겠습니다."

그리고 아들은 곧바로 선착장으로 달려가 일자리를 찾았
습니다. 비록 나룻배 일자리를 구하지는 못했지만, 그 대신
주당 3달러짜리 일자리를 구할 수 있었습니다.

가난에 대한 체험은 부잣집 아들에게 대학 공부보다 더
값진 자산이 되었을 것입니다. 그러한 경험은 아버지가 물
려주는 막대한 유산을 잘 관리할 수 있는 능력을 만들어
주었지요. 부잣집 자식 중에 밴더빌트 가의 아들 같은 경
우는 정말 드뭅니다. 대부분의 부자는 자녀들에게 그런 고
생을 시키려 하지 않습니다. 특히 어머니들은 자신의 연약
한 아이들이 힘들게 땀 흘리며 돈을 버는 것이 자신들의 체
면을 구기는 일이라고 생각합니다. 참 어리석은 생각입니다.
이런 점에서 나는 부잣집 자식들을 가엾다고 생각합니다.

부잣집 아들이 얼마나 가여운지 저는 많이 보았습니다. 어느 날은 부자들로 가득 찬 연회장에서 열린 행사에 초대받아 간 적이 있습니다. 그때 저는 병을 앓다가 회복한 직후에 그 행사에 참여했었지요. 행사장에서 고급스러운 복장을 한 젊은 신사가 저에게 갑자기 말을 걸었습니다.

"콘웰 선생님, 편찮으셨다는 소식을 들었습니다. 아직 건강이 완전하지 않으실 텐데 댁으로 가실 때 제 리무진을 이용하십시오. 모셔다드리도록 지시해 놓겠습니다."

나는 그분의 친절이 정말 고마웠습니다. 일찍 연회장을 빠져나와서 그 리무진에 올라탔습니다. 고급 리무진을 타고 호텔로 가던 중에 저는 그 리무진 기사에게 물어보았습니다.

"이 리무진은 정말 멋지군요. 값이 얼마나 하나요?"

"세금 제외하고 6천8백 달러*입니다."

어마어마한 금액입니다.

"이 차 주인이신 분은 친절해 보이시던데 평소엔 직접 운

---

*1900년대 미국 1달러의 가치는 현재 50만 원 정도로 추정되므로 현재 값으로 30억 정도 추정할 수 있는 최고가의 리무진이라고 할 수 있음(visualcapitalist 참고로 전환한 값).

전을 하시나요?"

그러자 기사가 큰 웃음을 터뜨리다가 말했습니다.

"주인이 운전하냐고요? 평생 자동차 문을 혼자 열고 나온 적이 한 번도 없어요. 백만장자의 아들인걸요."

그 리무진의 주인은 어릴 적부터 하인과 기사를 대동하고 다니며 흙 한번 밟아 본 적 없는 부잣집 아들이었습니다. 그 리무진 주인의 저에 대한 배려와 자동차 문조차 손수 열어 본 적이 없는 태도에 대한 기사의 비웃음이 잘 일치가 되지 않았습니다.

몇 년쯤 뒤 그 리무진 주인과의 만남이 또 있었습니다. 강연을 마치고 호텔로 돌아온 어느 날이었습니다. 프런트 데스크로 다가갔을 때 뉴욕에서 도착한 그 리무진 주인인 백만장자의 아들이 호텔 직원과 이야기하고 있었습니다. 지난번 갑자기 리무진을 타라고 제안받았을 때 경황없이 잠깐 대화를 나눈 것과 달리, 이번에는 의도치는 않았지만 제가 멀리서부터 점점 다가가며 그를 자세히 살펴보게 되었습니다. 그는 사치스러운 금술이 달린 모자를 쓰고 팔에는 부자들이 멋으로 들고 다니는 금장식 지팡이를 걸고 있었는데, 멀리서 봐도 상당히 거만해 보이는 자세였습니다.

그는 번쩍이는 작은 안경에 윤이 나는 에나멜 구두를 신고 있었는데 꽉 끼는 멋쟁이 바지가 메뚜기처럼 배가 더 볼록하게 보이게 했습니다. 그는 제가 프런트로 다가가는 걸 모르고 계속 호텔 직원과 이야기를 나누고 있었습니다.

"종이하고 봉투 좀 주시겠어요?" 그가 거만한 표정과 목소리로 그렇게 말하니 직원이 서랍에서 종이와 봉투를 꺼내 건네주더군요. 그는 약간 짜증이 난 듯 거만한 목소리로 말했습니다. "이 종이와 봉투를 내 방까지 갖다주시라고요."

이 메뚜기 신사는 종이와 봉투조차 자기 힘으로 들지 못하는지 짜증스러운 목소리로 그렇게 시켰습니다. 자기 팔을 들어 올릴 힘조차 없는 것인지요. 그런 사람에게는 어떤 연민도 느낄 필요가 없습니다.

당신에게 지금 필요한 것은 부모로부터 물려받은 돈이 아니라 근면 성실하게 살겠다는 각오입니다.

밴더빌트 가문은 대중적으로 더 널리 알려진 록펠러 집
안보다 재산이 많았다고 추정된다. 부둣가에서 노동으로 생
계를 잇는 가난한 집안에서 태어난 코닐리어스 밴더빌트는
초등학교를 졸업한 뒤 아버지를 따라 허드렛일을 하면서도
뛰어난 관찰력으로 뉴저지와 맨해튼을 오가는 작은 배들이
큰돈을 벌 수 있는 도구임을 깨닫는다. 어렵게 마련한 작은
보트로 손님을 태우고 강을 건네주며 수송료를 받았는데
이때 정시 운항을 하는 원칙을 세웠다. 당시에는 손님을 배
에 가득 태우고 나서야 배를 출발시키고 그것이 이윤을 남
기는 방법이라고만 생각했기에 그의 사업 철학은 비웃음거
리만 될 뿐이었으나 손님이 있건 없건 정해진 시간에 출발
하는 그의 정시 운항 규칙은 결국 그를 운송 사업으로 크
게 성공하게 한 계기가 되었다.

몇 푼의 자본으로도 부자가 될 수 있다

자, 이제 그럼 자본 없이 어떻게 사업을 할 수 있냐고 생각하시는 분들을 위해 실제 사례를 통해 더 설명해 보겠습니다.

　많은 분이 잘 알고 계시는 실화가 하나 있습니다. 뉴욕에 스튜어트라는 이름으로 불리던 가난한 소년이 단돈 150센트만 들고 인생을 시작했습니다. 그는 포목상점에서 아르바이트한 경험으로 처음에 바늘과 실과 단추를 파는 장사를 했습니다. 그런데 전혀 팔리지 않았지요. 첫 사업에서 자본금의 절반가량인 87.5센트를 잃고 말았습니다. 그러나 어쩌면 그것이 그에게는 다행이었는지도 모릅니다. "다시는 사업을 모험적으로 하지는 않겠어"라고 굳은 다짐을 하게 된 계기가 되었으니까요.

그때부터 그는 집집이 돌아다니며 사람들이 어떤 상품을 필요로 하는지 알아보았습니다. 무엇이 필요한지 물어보았지요. 이렇게 발품 팔아서 시장조사를 하는 데 62.5센트를 투자했습니다.

사업을 하든 직장을 구하든 마찬가지로 이것은 꼭 필요한 절차입니다. 내가 원하는 것이 아니라 다른 사람들이 무엇을 필요로 하는지 알아야 합니다. 고객이 될 사람들이 필요한 것이 무엇인지 아는 것이 바로 성공의 비결입니다. 그런 다음 고객이 가장 필요로 하는 상품과 서비스에 투자해야 합니다.

스튜어트*는 한 번의 큰 실패 끝에 이 원칙을 알아냈습니다. 이 원칙을 평생 고수해 그는 큰돈을 벌게 되었고, 그

*존 워너 메이커 : 미국 백화점의 창시자라고 불린다. 전 세계에 YMCA 건물을 지어준 기부왕. 그는 미국 필라델피아에 세운 미국 최초의 백화점에 최초로 콜센터를 만든 마케팅의 왕이기도 하다. 항상 고객이 원하는 것이 무엇인지를 찾아내는 데 집중했다. 'The Customer is Always Right' 고객은 항상 옳다는 원칙으로 사업을 해 현대 비즈니스의 개척자라 불린다.

의 본명으로 이름이 붙여진 워너메이커라는 멋진 백화점의 주인이 되었습니다. 바늘과 실과 단추를 팔던 한 가난한 소년이 말입니다. 첫 실패에서 얻은 큰 교훈은 다른 무엇과도 바꿀 수 없는 성공 요인이 되었습니다. 사람들이 필요로 하는 것에 돈과 시간과 자신을 투자해야 합니다.

당신이 세일즈를 하든, 제조업을 하든, 서비스업을 하든 상관없이 성공하고 싶다면 고객의 요구를 파악하고 그것을 충족시킬 수 있어야 합니다. 당신이 당장은 단순노동을 하는 직업에 종사하더라도 이 성공 비결은 다르지 않습니다. 이 원칙은 모든 사람에게 똑같이 적용되는 성경의 말씀과도 같은 것입니다.

또 하나의 사례를 이야기해 보겠습니다. 이제껏 제가 들어 본 성공담 중에 가장 훌륭한 사례는 바로 존 제이콥 애스터라는 백만장자의 이야기입니다. 워낙 유명하니 많은 분이 그가 뉴욕에서 엄청난 부를 만들어 애스터 가문을 위대한 집안으로 일으켜 세웠다는 것을 알고 있을 것입니다.

존은 기차표 한 장 살 돈이 없을 정도로 찢어지게 가난했습니다. 가난뱅이 소년이 오직 한 가지 원칙에 충실해서 결국 백만장자인 위대한 애스터 가문을 만든 것입니다.

그가 어떻게 부자가 되었는지 말해 볼까요? 초기에 그가 돈을 조금 벌었을 때 한 모자 가게에 돈을 투자했습니다. 그러나 그 가게는 장사가 되지 않아서 존에게 이자도 지급하지 못하게 되었습니다. 존은 투자한 돈 대신에 결국 모자 가게를 인수하게 되었습니다. 그는 망해 가는 모자 가게였지만 직원들의 고용을 그대로 승계했습니다. 결국 똑같은 상품, 똑같은 자본, 똑같은 직원에 주인만 바뀐 경우가 되었습니다. 모자 가게의 직원들은 형편이 다들 어려운 게 당연했고, 먹고 살기 위해서 모자를 팔아야 했지요. 그들은 늘 모자 가게를 지키고 있었고 겉으로 보자면 달라진 게 전혀 없었습니다.

존은 공원 벤치에 앉아 구상하고 있었습니다. 그곳에서 어떤 구상을 했을까요? 그는 지나가는 여성 중에 한 멋쟁이 여성을 눈여겨보았습니다. 그것은 정말 확실한 투자를 준비하는 시간이었습니다. 그 멋쟁이 여성은 오만해 보일 정도로 당당해 보였지요. 그녀는 어깨에 고급스러운 가방을 메고 꼿꼿하게 앞을 보면서 걷고 있었고, 존은 그녀가 쓰고 있는 모자를 유심히 살폈습니다. 모자의 디자인과 색상, 모자를 장식하고 있는 깃털과 주름까지 하나도 놓치지 않고 관찰했습니다. 그리고 가게로 달려가서 직원에게 이렇게 말했습니다.

"내가 지금 그려 주는 모자를 만들어서 진열하세요. 분명히 좋아할 손님이 있을 겁니다. 내가 또 새로운 모자 디자인을 알려 줄 때까지 절대 다른 건 만들지 마세요."

그리고 그는 다시 공원 벤치로 가서 앉았습니다. 또 모자를 쓴 여성들을 관찰했습니다. 다른 디자인과 다른 장식, 다른 색상의 모자를 쓴 멋쟁이 여성이 보였습니다. 그는 다시 가게로 달려가 새로운 모자 디자인을 그려서 보여 주며 말했지요.

"이번에는 이런 모자를 만들어 진열하세요."

그는 진열대를 모자로 다 채우지 않았습니다. 지나가면서 구경하는 사람들이 질려 버릴 것으로 생각해서였지요. 진열대에 단지 몇 개의 모자만 작품처럼 진열하게 했습니다. 그리고 밖에 나가서 지나가는 사람들에게 외쳤습니다. 워너메이커 백화점 스타일의 모자 판매점으로 오라고요.

존은 계속해서 멋쟁이 여성들이 좋아하는 디자인의 모자 몇 개만 돋보이게 진열하고, 새로운 유행 디자인을 발견하기 전까지는 평범한 모자를 절대 진열대에 올려놓지 않았습니다. 얼마 후부터 손님들이 모여들기 시작했습니다. 그런 식의 판매 방법으로 뉴욕의 모자 업계에서 가장 규모가 큰 가게가 될 수 있었습니다. 모자 가게를 여러 개 오픈했고, 그중에 하나는 오랜 세월이 흐른 지금까지도 영업 중입니다.

아셨겠지만, 존의 성공 비결은 바로 이것입니다. 늘 모자 가게를 지키고 있던 직원들은 유행의 변화를 잘 몰랐고, 먹고 살기도 힘들어서 유행하는 디자인을 공부할 여유도 없었습니다. 존이 가게를 인수하고 고객들이 좋아하는 모자 디자인을 알아냄으로써 필요 없는 모자를 만들면서 생기는 손실을 줄였고, 당연히 재고가 쌓이지 않았습니다. 진열대 위에 가득 채워 둔 모자들보다 고객이 원하는 디자인을 스케치한 종이 한 장이 사업을 일으킨 비결이 된 것입니다.

처음부터 '큰 사업'에 손을 댄다는 것은 수렁에 빠지는 지름길입니다. 헛된 야망은 자신을 더욱 초라한 사람으로 만들 뿐입니다. 물론 과거를 돌이켜 보아도 처음부터 큰 제조업 같은 사업으로 빠르게 부자가 되었던 사람은 없었습니다. 벼락부자가 되겠다는 꿈은 꾸면 안 됩니다.

저는 지식과 경험을 후배 세대에게 전해 주는 것이 기성세대의 의무라고 생각합니다. 그러니까 이런 이야기를 해 드리는 것은 저의 의무입니다. 세상에 성공하고 싶지 않은 사람이 어디 있겠습니까? 성공에 많은 자본이 필요한 것은 아닙니다. 먼저 고객이 원하는 것을 알아내야 합니다. 그러한 준비는 든든한 자본보다 확실하게 당신을 성공으로 이끌어 주는 전략이 될 것입니다.

　매사추세츠주 힝엄이라는 마을에 한 가난한 사람이 살고 있었습니다. 그는 가난한 형편에 직장까지 잃고 종일 집 안에서 지내고 있었습니다. 지켜보다 못 한 그의 아내가 화가 나서 밖에 나가 일자리를 구해 보라고 채근했습니다.

　그는 어쩔 수 없이 바닷가로 나와서 걸었습니다. 바닷가에는 물을 잔뜩 먹은 나무토막 하나가 떠밀려 와 있었습니다. 아무 할 일이 없던 그는 주머니 속의 잭나이프를 꺼내 무언가 만들어 보려 하다가 나무 모양에 맞게 수갑을 만들었습니다.

　집에 돌아오니 그것을 본 아이들이 서로 갖겠다고 했습니다. 그것을 차지하려는 아이들을 보고 그는 식탁에서 두 번째 것도 만들어 보았습니다. 그때 이웃 사람이 놀러 와 그 모습을 보더니 이런 말을 했습니다.

　"자네는 손재주가 뛰어나니 나무로 장난감을 만들어 팔면 되겠네. 돈을 꽤 벌 수도 있을 것 같아."

　"그래 볼까? 그런데 어떤 장난감을 만들면 될지 모르겠어."

"그건 자네 아이들한테 물어보면 되지 않나."

"우리 애들은 노는 취향이 다른 애들과 달라서 글쎄……."

그러나 그는 이웃 사람의 의견을 따르기로 했습니다.

그는 어린 아들에게 물어보았지요.

"토니, 너는 어떤 장난감을 갖고 싶니?"

"손수레 장난감을 갖고 싶어요."

딸 메리에게도 물어보았습니다. 딸은 신이 나서 갖고 싶은 장난감들을 말해 주었습니다. 인형 침대, 인형 장롱, 인형 의자 등등……. 딸이 갖고 싶은 장난감은 너무나 많아서 평생 만들어야 할 것 같았습니다.

아이들이 원하는 것을 만들어 보기로 결심은 했지만 목재를 살 돈이 없었습니다. 그래서 주변에 흔히 있는 땔감을 재료로 삼아 만들어 보았습니다. 그 장난감이 전 세계인의 사랑을 받아온 나무블록 쌓기 제품으로 유명한 '힝엄 장난감'입니다. 처음에 그는 자기 아이들을 위해 장난감을 만들다가 이웃에 있는 신발 가게에 부탁해 몇 개씩 내다 팔기 시작했습니다. 가게를 차릴 엄두는 내지 못했지요. 약간의 돈을 손에 쥔 그는 그것을 자본으로 더 많은 돈을 벌 수 있었습니다. 그가 거래하는 은행의 직원은 그가 매사추세츠에서 가장 큰 부자라고 합니다.

지금 그는 수백만 개의 장난감을 만들어 내고 있지만, 장난감 사업을 시작한 이후 34년 동안 한 가지 원칙을 지키고 있습니다. 그 원칙은 바로 이것입니다.

"내 아이가 좋아하는 것이면 다른 아이들도 좋아한다. 자신과 자신의 아내, 아이들의 판단을 따르자. 그것이 장난감 사업에서 성공하는 길이다."

물론 그에게도 자본이 필요했었습니다. 이미 가지고 있던 것이긴 했지만 나무를 깎을 잭나이프 하나는 필요했었으니까요.

너무나 가난했고 불행했던 한 사람이 작은 아이디어로 큰 부자가 된 이야기를 하나 더 해볼까 합니다. 사소하지만 작은 불편을 해소하는 데서 위대한 아이디어가 나온다는 말씀을 다시 한번 강조하고 싶어서 드리는 이야기입니다. 어떻게 그는 미국에서 손꼽히는 부자가 될 수 있었을까요?

매사추세츠에 있는 못을 만드는 공장에서 일하던 한 남자의 일입니다. 정말 찢어지게 가난했던 그에게 더 큰 불행이 겹쳐 서른여덟 살에 큰 부상을 입고 말았습니다. 그런 몸으로 공장 일을 할 수 없었기에 그는 다른 일자리를 찾았습니다. 지폐에 그려진 낙서를 지우는 일이었습니다. 그는 열심히 일했지요. 손목이 떨어져 나갈 정도로 지우개로 낙서를 열심히 지웠습니다. 그래 봤자 못 공장의 노동일에 비하면 훨씬 적은 수입이었지만 열심히 일했습니다. 아픈 손목 때문에 그는 지우개를 편하게 사용하기 위해 막대기 끝에 지우개를 고정하고 밀면서 낙서를 지워 보았습니다. 상당히 편하다는 것을 알게 되었습니다. 그걸 알게 된 딸이 말했습니다.

"아빠 그 막대지우개*를 특허 내보세요"라고. 그는 보스턴으로 가서 특허를 받게 되었지요.

아주 작고 별거 아닌 아이디어였습니다. 막대기 끝에 작은 지우개 조각을 붙였던 것뿐인데 그것으로 특허를 내게 되었습니다. 특허란 게 어렵지 않지요. 결국 누군가 처음 생각해 낸 아이디어 아니겠습니까? 지금 우리가 흔히 사용하고 있는, 지우개가 끝에 붙어 있는 연필은 꼬박꼬박 그 남자에게 특허료를 내야만 생산됩니다. 처음부터 부상 입은 몸밖에 다른 아무 기술이 없었던 그에게 투자금은 더더욱 없었습니다. 하지만 아이디어 하나로 가만히 앉아 있어도 수입이 척척 들어와 결국 백만장자가 되었습니다.

*⟨'지우개 달린 연필' 특허에 대하여⟩

지우개 달린 연필의 특허권에 대해서 오늘날 알려진 것은 러셀 콘웰의 강연 내용과 다르다. 1758년 3월 30일 미국의 화가 지망생인 하이만 리프먼이 연필과 지우개를 서로 붙인 아이디어로 특허를 받았다고 기록되어 있다. 데생 연습을 하던 중에 자꾸 지우개를 잃어버려 불편함을 느꼈던 리프먼이 연필 뒤에 접착제를 발라 지우개를 붙여 쓰는 모습을 본 친구가 발명특허를 낼 것을 권유했다고 한다. 그 당시 연필에 관해서는 세계 최고의 규모를 자랑하던 독일의 파버카스텔사는 이 고무지우개 아이디어를 무시하는 바람에 유럽에서는 생산되지 못했으나, 미국회사인 리버칩이 특허권 계약을 했고 엄청나게 판매되었으며, 하이만은 큰돈을 벌게 되었다고 알려져 있다. 워낙 오래전 일이라 러셀 콘웰의 강연 내용을 검증하기 어려우므로 독자께서는 그가 강연 속에서 담고자 하는 메시지를 읽으시길 바란다.

평범한 사람이 큰 부자가 된다

당신은 자신이 특별하거나 대단한 사람이라고 생각합니까? 평범한 사람이라고 생각합니까? 뛰어난 능력을 갖춘 사람이 부럽습니까? 주변에 늘 평범한 일상의 일을 하는 사람은 그저 아무 능력 없는 사람일까요? 여성들의 이야기를 먼저 해 보겠습니다.

저는 얼마 전 이런 신문 기사를 읽은 적이 있습니다. '여자들은 아무것도 발명하지 못한다'라는 내용이었습니다. 그런데 그 기사는 분명 잘못된 것입니다. 만일 여성분들이 아무것도 발명하지 못했다면 남자들도 마찬가지며, 그런 기사를 실은 그 신문조차 세상에 나오지 못했을 것입니다. 인쇄기의 롤러는 어떤 농부의 평범한 아내가 발명한 것이니까요.

많은 여성이 발명을 했고 백만장자도 되었습니다. 아내거나 어머니거나 딸인 여성들이 그저 평범하게만 보입니까? 그렇다면 그 평범함이 부족한 능력을 의미한다고 생각합니까? 미국은 이제야 여성들의 정치 참여권을 인정하느냐 마느냐, 논란을 벌이고 있습니다. 여성분들이 어머니로서, 아내로서, 딸로서 평범하게 하루하루의 생활을 열심히 하면서 그분들이 어떤 업적을 쌓아 왔는지 보십시오.

먼저 여성들이 기계도 모르고, 발명도 모르고, 아이디어도 내지 못한다고 생각하는 사람들에게 물어보겠습니다. 당신이 입고 있는 자카드 천의 직조기계*를 누가 만들었는지 아십니까? 그건 이름 그대로 자카드 여사입니다. 미국을 부유하게 만들어 준 면직기는 누가 발명했을까요? 사람들은 휘트니라고 알고 있지만 사실은 그의 아내였습니다. 아내가 낸 아이디어를 휘트니가 사업화한 것이지요. 그렇다면 재봉틀은 누가 발명했나요? 아이들도 다 아는 이름은 '앨리아스 호'입니다. 그런데 앨리아스 호 씨는 재봉틀을 만들기 위해 14년 동안 연구했다고 했습니다. 그 오랜 연구 끝에도 성공하지 못했고, 온 식구가 굶어 죽을 지경에 이를 만큼 가난해지자 그의 아내가 나섰습니다. 그런데 정말 놀랍게도 그녀는 두 시간 만에 재봉틀을 발명해 냈습니다. 남편이 14년 동안 연구해 왔지만 이루지 못한 걸 말입니다. 물론 남편의 이름으로 특허를 냈습니다. 어떤 남자들은 이런 식이지요.

풀을 베는 기계와 수확을 하는 농기계는 누가 발명했을까요? 공개된 맥코믹 사의 자료에 의하면 발명가는 웨스트버지니아의 한 여인이었습니다. 그녀의 아버지는 곡식을 베는 기계를 만들려고 노력했지만 결국 포기하고 말았습니다. 그런데 결국 그의 딸이 만들었지요. 그녀는 나무판 가장자리에 가위를 여러 개 붙이고 가위의 한쪽만 움직이게 하는 방법을 택했습니다. 그리고 철사를 연결해 양쪽으로 철사를 당기면 가위가 벌어지고 닫히도록 만들었습니다. 그렇게 그녀는 곡식 베는 원리를 자동 가위에 연결한 것입니다. 곡식 베는 기계를 보면 겉으로는 칼날만 보일 뿐입니다. 그러나 그 속에는 자동 가위의 비법이 숨어 있는 것이지요. 그런 엄청난 기계의 발명가가 평범한 여성이었던 것입니다.

제가 코네티컷주의 뉴브리튼이라는 작은 도시에서 강연할 때의 일이었습니다. 강연을 들었던 한 여인이 자신도 아이디어를 내서 성공하고 싶다는 강렬한 소망을 가지게 되었고 그런 생각을 하며 집으로 돌아가 옷을 벗는데 문득 어떤 아이디어가 떠올랐다고 했습니다. 단추가 단춧구멍에 너무 꽉 끼어 있었고 단추를 풀기가 힘들어 옷을 벗는 게 불편했다고 합니다. 짜증이 난 그녀는 옷을 벗어 던지며 말했습니다.

"입고 벗기에 편한 단추를 내가 만들어 보는 거야."

그 말을 들은 남편이 건성으로 말했습니다.

"오늘 밤 콘웰 씨 강연을 들은 덕분에 훨씬 편한 단추가 세상에 나오겠네. 우리가 원하는 게 바로 그거잖아. 아마 상당한 돈을 벌 수 있을 거 같아. 큰 부자가 되겠지. 당신 당장 시작해 봐."

남편은 아내에게 빈정대며 살짝 조롱하기까지 했습니다.

제 강연을 들은 분들이 그녀의 남편과 같은 반응을 할 때 저는 무척 안타깝습니다. 물론 이 자리에서도 여러분은 저를 환영해 주시고, 저의 말을 경청해 주십니다. 하지만 여기 참석한 분 중 몇 명이나 부자가 될 수 있을까요? 열 명 중 한 명이라도 백만장자가 되신다면 저는 더 이상 바랄 것이 없습니다. 그런데 그렇게 되지 못하실 겁니다. 그것은 제 강연 내용이 틀렸기 때문이 아닙니다. 부자가 될 수 없는 건 당신 안에 원인이 있습니다. 아무리 좋은 내용을 이야기해도 들을 때만 끄덕끄덕한다면 아무 소용 없습니다.

단추 이야기를 다시 해 볼까요. 남편이 놀려대도 그녀는 굴하지 않고 편한 단추를 만들어 보기로 작정했습니다. 조용히 아무에게도 아이디어를 떠들지 않고 계획을 세워 실행했습니다. 어떻게 되었을까요? 바로 우리가 사용하고 있는 일명 '똑딱이 단추'가 완성되었습니다.

옷을 입을 때는 위아래로 맞추어 꽉 누르기만 하면 되고 벗을 때는 잡아당기기만 하면 되는 편한 단추를 그녀가 발명한 것이지요. 이후에도 그녀는 다른 형태의 여러 가지 단추를 계속 발명해 나갑니다. 그 수익금을 재투자해서 더 큰 성공을 이루었지요. 큰 부자가 된 그녀는 여름이면 개인 보트를 타고 바다로 나가는데, 그렇게 비아냥대던 남편을 태우고 말이지요.

이 성공담의 계기가 무엇이라고 생각합니까? 그녀는 강연장에서 지금 제가 여러분에게 하는 이야기를 들었을 뿐입니다. 당신이 서 계신 곳 근처에 엄청난 돈이 굴러다니고 있는데 당신은 그걸 내려다보고만 있습니다. 그녀는 허리를 굽히는 수고를 해서 그 돈들을 집어 올렸습니다. 누가 옆에서 비아냥대든 말든 그렇게 허리 숙여 붙잡는 노력을 했기 때문에 그녀는 엄청난 부자가 될 수 있었던 것입니다.

곡식 베는 기계, 자카드 천 짜는 기계, 면직기, 자동차의 트롤리 스위치 등 미국을 풍요롭게 한 기계들의 발명가는 모두 여성이었습니다.

그렇다면 세상에서 가장 위대한 발명가는 누구일까요? 우리는 이 질문을 통해 다시 한번 교훈을 얻을 수 있습니다. 가장 위대한 발명가는 바로 당신의 옆에 있는 사람일 수 있습니다. 아니 당신 자신일 수도 있습니다. 이렇게 말씀하실 수도 있겠지요. "나는 지금까지 발명한 것이 하나도 없는데요"라고요. 위대한 발명가가 태어날 때부터 발명가였던 것은 아니지요. 그들도 한 가지 비밀을 깨닫고 난 후에야 비로소 발명가가 될 수 있었습니다.

이제 당신 차례가 온 것입니다. 당신의 거실, 주방, 차고, 마당, 학교, 직장, 자주 가는 음식점 등 어디서든 언제나 사람들을 좀 더 편리하게 할 수 있는 방법이 있는지 생각해 보십시오.

당신은 어떤 사람입니까? 지식이 풍부합니까? 아니면 반짝이는 재치를 가지고 있습니까? 그렇지 않다고요? 그냥 평범할 뿐이라고요? 정말 다행입니다. 특별한 능력을 타고난 사람이 발명가가 되는 것은 절대 아닙니다. 오히려 평범하고 정직하며, 상식적인 사람이 위대한 발명가가 될 수 있습니다. 물론 그렇게 흔히 보이는 사람을 위대한 발명가라고 생각해 본 적은 없을 것입니다. 그것은 그렇게 평범한 사람이 이루어 놓은 것을 진실하게 바라보는 눈을 가지지 않았기 때문입니다.

사실 우리는 한 평범해 보이는 발명가를 위대한 사람이라고 생각하지 않습니다. 골목 너머에 있는 것을 보려고 하지도 않습니다. 가까이 있는 것은 평범할 뿐이고, 위대한 것은 보이지 않는 먼 곳에 있다고 생각합니다. 그러나 위대한 것은 흔하고 평범하고 현실적입니다. 그것이 진리입니다. 당신이 그 진리를 깨닫지 못하고 있는 것입니다. 사람도 마찬가지입니다. 당신은 주변의 위대한 사람에 대해서 너무나 모르고 있습니다. 평범함의 소중함을 아는 사람이 위대한 사람입니다.

상대방 앞에서 어깨에 잔뜩 힘을 주고 거만한 표정을 짓고 있는 사람이 있습니다. 그런 사람이 대단해 보입니까? 그런 사람은 허풍선이일 뿐, 위대함이라고는 조금도 찾아보기 힘든 경우가 많습니다. 그렇다면 정말 위대한 사람은 어떤 사람일까요?

　예전에 저는 위대한 가필드 장군을 만나 뵙기 위해 그의
동네를 찾아간 적이 있습니다. 많은 미국인이 존경하고, 군
대와 정계에서 훌륭한 업적을 쌓아 대통령 후보에도 오른
인물이지요. 오하이오 북부에 있는 가필드 장군의 동네에
도착해서 길에서 만난 한 사람에게 가필드 장군의 집이 어
디인지 아냐고 물었지요. 그는 따라오라며 어떤 집으로 데
려가더니 그 집의 뒤 담장 너머로 크게 외치더군요.

　"짐! 이봐 짐! 얼른 나와 봐!"

　옆에서 보고 있던 저는 '짐'이 누군가 싶었습니다. 곧 '짐'
이라는 사람이 나오는데 깜짝 놀랐습니다. 그가 바로 대통
령 후보였던 가필드 장군이었습니다. 그 유명한 분이 이웃
에게는 그저 평범한 옆집 아저씨 '짐'일 뿐이었지요.

　이웃에게는 그저 "안녕, 샘!", "좋은 아침이야, 존", "또 봐!
짐", "오랜만이야. 조시" 이렇게 인사 나눌 수 있는 사람이 진
짜 위대한 사람입니다. 그렇게 옆집 아저씨, 뒷집 아주머니
같이 느껴지는 분들 속에 위대한 분이 있습니다. 위대하고

훌륭하지만 그저 평범해서 소중한 줄도 모르고 넘어가는 것의 참모습을 발견할 줄 아는 눈이 중요합니다.

*⟨조셉 마리 자카드가 발명한 자카드 기계⟩

'자카드'는 1804년 조셉 마리 자카드Joseph Marie Jacquard라는 프랑스의 상인이 발명해서 자카드라는 이름이 붙은 직조기계를 이용해 원단에 무늬를 넣어 짠 직물을 통칭하는 이름이다. 조셉 마리 자카드는 남자로 기록되어 있는데 그의 아내인 자카드 여사가 이 기계를 개발했다고 알려져 있기도 하다.

자카드 천은 무늬가 보슬보슬하게 돋아나 있고 광택 원사를 함께 사용하여 분위기가 화려하고 고급스러운 편이다. 패턴에 문양을 물감으로 프린팅하는 일반적인 제조법이 아니라, 원단 자체에 실로 문양를 넣은 것이라 발명 당시에는 상당히 혁명적인 직조 방식이었다.

원래는 위사와 경사로 짠 직물에만 붙는 이름이 자카드였지만 이후 무늬가 들어가게 짠 두 겹의 니트에도 자카드라는 이름을 붙이게 되었다. 도톰하고 고급스럽고 무늬가 오래 유지되는 특성으로 의류 뿐만아니라 가구나 커튼 등 홈패션에도 널리 쓰이게 되었다.

2장. 부는 당신이 있는 곳에서 찾으라

자신의 환경, 위치에서 위대해질 수 있습니다.
자기가 있는 곳에서 타인에게 축복을 주는 사람,
더 행복한 가정을 꾸리고자 하는 사람,
무엇을 하든 남에게 즐거움을 주는 사람,
그런 사람은 어디에서나 위대해질 수 있습니다.

특별한 친구에게 가르쳐 드리는
부를 찾는 방법

여러 성공 사례들을 말씀드리다 보면 많은 사람이 이렇게 말하더군요.

"뉴욕 출신이기 때문에 부자가 되었던 거지, 이렇게 작은 소도시에 있었다면 결코 부자가 되지 못했을 거야. 나 같은 처지에 있다 보면 성공의 기회는 도저히 찾기 어렵지."

그렇지 않습니다. 1889년 뉴욕에 거주하는 107명의 백만장자에 대해 리이스씨가 분석한 책이 나와 있습니다. 그 책에 따르면 107명의 부자 중에서 7명만이 뉴욕에서 돈을 벌었다고 합니다. 1889년 당시 1천만 달러 이상의 재산을 가진 뉴욕 최고의 부자 107명 중 67명이 인구 3천5백 명 이하의 아주 작은 마을에서 돈을 벌었습니다. 그런 다음 뉴욕에 진출한 것이지요. 오늘날에도 큰 부자들은 그런 작은 마을에서 태어나고 자라고 있습니다.

결국 문제는 어디 출신이냐가 아니라 어떤 사람이 되는가 하는 것입니다. 작은 동네에서 부자가 될 수 없다면 뉴욕 같은 대도시에서도 부자가 될 수 없습니다.

이제 당신께 하나 물어보겠습니다.

"작은 도시나 변두리 동네에서 당신이 부자가 될 기회가 정말 없을까요?"

당신은 이렇게 대답할 것 같습니다.

"그런 특별한 성공 사례도 있겠지요. 하지만 어느 정도 배경은 있어야 하고 대도시일수록 기회가 많겠지요"라고요.

많은 사람이 말합니다. "그렇게 대단한 자산가가 되려면 이런 작은 도시에서 시작해서는 안 됩니다. 그렇게 성공하려면 대도시에서 일을 찾아야 합니다. 시골구석에서 뭘 하겠습니까?"라고요. 그러면서 자신의 배경 때문에 성공하지 못한다고 생각합니다.

이제 핵심을 다시 말하겠습니다. 이것은 인생 전반에 대한 제 철학의 핵심입니다.

왜 시골구석에서는 부자가 되지 못한다고 생각합니까? 왜 뉴욕이 이런 소도시보다 성공하기 쉽다고 생각합니까? 대답은 단순합니다. 자신이 살고 있는 곳을, 그 배경을 스스로 비하하기 때문입니다. 이 세상에 앞으로 더 발전해야 할 장소가 있다면 그곳은 당신이 살고 있는 곳입니다. 기회는 저 멀리 있는 것이 아니라 바로 여기에 있습니다. 자신이 존재하는 이곳, 이 환경에서 성공하지 못할 이유가 없습니다. 기회가 늘 다른 곳에 있다고 부러워만 할 이유가 전혀 없습니다. 지금, 이곳에서, 간절히 원한다면 그것은 반드시 이루어집니다.

이제부터 들려드릴 이야기는 방금 드린 말씀을 입증하는 실제 사례들이며, 제가 최소 5,000번 이상 강연해 왔던 '다이아몬드의 땅'이라는 주제입니다. 이 강연은 단순한 내용이지만 당신에게 꼭 도움이 되고, 이 이야기 속에서 영감을 얻으실 수 있을 거라 믿습니다. 아주 오래된 이야기지만 현재에도 미래에도 우리 삶의 기본이 되는 이야기이며, 이 강의를 듣기 위해 강연이 열리는 여러 지역을 찾아다니며 스무 번이나 들은 사람도 있을 정도입니다. 이 강연은 무료가 아닙니다. 심지어 교회에서 강연할 때도 한 사람 한 사람 입장료를 내시게 하는데, 그렇게 하는 이유는 듣고자 하는 진정성을 갖게 하기 위해서입니다. 이 주제의 강연을 통해 수백만 달러를 기부할 수 있었다는 것도 놀라운 일입니다. 청중들이 강연 내내 열렬하게, 진심 어린 기쁨으로 듣고 계시는 모습은 저 또한 늘 흥미롭습니다. 이 강연을 들은 분들은 자신과 다른 사람을 위해 무엇이든지 해야겠다는 충동을 느끼시고, 어떤 분들은 그 충동을 바로 실천해 나가셨습니다. 당신도 꼭 그렇게 하셨으면 좋겠습니다. 이야기를 시작해 볼까요?

젊은 시절에 저는 일행들과 함께 티그리스강과 유프라테스강을 여행한 적이 있습니다. 우리 일행은 아랍인 노인 한 분을 가이드로 고용했습니다. 그는 수고비를 받았으니 성실하게 안내하는 것이 자신의 의무라고 생각했고, 여러 흥미로운 이야기로 우리의 여행길을 즐겁게 해 주려 노력했습니다. 경험이 많은 노인은 여러 이야기를 해 주었고, 그중에서 지금까지 잊지 못하고 가슴 깊이 새기고 있는 이야기가 하나 있습니다.

저희 일행이 낙타를 타고 장엄한 강가를 따라 긴 여행을 하는 동안 길을 안내하는 노인은 계속 이야기를 했습니다. 너무 끝이 없는 이야기에 지겹기도 했고 피곤함도 느꼈지만, 저희 일행이 자신의 이야기를 잘 듣지 않는다는 것을 느끼면 노인은 화를 내기도 했습니다.

노인은 터번을 벗어 위로 던지며 손가락으로 받아서 빙빙 돌리는 재주를 부리기도 하며 듣는 사람의 관심을 끌어 보려고 노력하기도 했습니다. 자신에게로 시선이 오면 또다시 이야기를 시작했지요. 노인의 이야기보따리는 계속되었습니다. 여러 날 이어지던 여행에서 어느 날은 노인이 다른 일행들과 달리 그의 말에 진지하게 귀 기울이고 있는 저에게 '특별한 친구'니까 해 주는 이야기라고 하며 말을 꺼냈습니다. 저는 노인의 이야기에 집중했습니다. '특별한 친구'에게만 들려주는 이야기라니까요. 그 이야기를 시작해 보겠습니다.

옛날에 인더스강에서 조금 떨어진 마을에 알리 하페드라는 남자가 살고 있었는데, 그는 엄청난 크기의 농장을 소유한 부자였습니다. 큰 과수원과 많은 밭을 가지고, 대부업까지 하며 여유 있는 삶을 살고 있었지요. 그 남자는 부자이기 때문에 삶에 만족했으며 편안한 날들이 이어졌습니다. 그런데 어느 날 동방의 현자라고 불리던 승려 한 분이 찾아옵니다. 승려는 알리 씨의 집 거실에 앉아 이런저런 이야기를 하던 중에 이 세상이 만들어지던 과정의 이야기를 해 주었습니다.

승려는 이렇게 말했습니다. "옛날 옛날에는 이 세상이 안개 덩어리에 불과했는데, 신께서 거대한 손가락을 안개 속에 넣고 안개를 빙빙 뭉쳐서 돌리자 불덩이로 변했다고 합니다. 그 불덩이는 우주 속에서 다른 안개 덩어리를 불태우며 습기를 빨아들였고 그 습기가 모이고 굵은 빗방울이 되어 불덩이에 뿌려지면서 불덩이의 표면이 차갑게 굳어갔지요. 그때 그 차가운 표면 속에 있던 뜨거운 불덩이가 불기둥이 되어 차가운 껍질을 뚫고 나오면서 산이 만들어지고 넓은 벌판까지 생겨났습니다. 이렇게 아름다운 세상이 만들어진 배경이 되었습니다."

이야기에 빠져 있던 집주인에게 승려는 더 흥미로운 이야기를 이어서 들려주었습니다.

"그 속의 뜨거운 불덩이들이 차가운 표면을 뚫고 나오면서 바로 굳어 버린 것은 화강암이 되었고, 늦게 굳은 것은 구리가 되었지요. 그보다 더 나중에 굳은 것은 은이 되었고 더 천천히 굳은 것은 황금입니다. 그런데 황금보다도 훨씬 늦게 굳은 것이 있는데 그게 바로 다이아몬드입니다. 다시 말해서 다이아몬드는 빛이 굳어서 만들어진 빛의 보석이지요"라고 말했습니다.

사실 승려의 말이 과학적으로 전혀 말이 안 되는 이야기는 아닙니다. 다이아몬드는 태양에서 떨어져 나온 석탄 조각이라고 볼 수도 있는 거니까요. 그런데 승려가 이 부자 남자의 귀를 솔깃하게 하는 이야기를 하게 됩니다.

"엄지손가락만 한 다이아몬드 한 알이면 나라도 살 수 있어요. 만약 다이아몬드 광산을 발견하는 사람이 있다면 그의 자식을 왕으로 만들 수도 있는 거지요."라고 말하니, 알리 씨는 난생처음 듣는 다이아몬드라는 보석에 대해 알게 되며 매우 놀랐습니다.

늘 자기 삶에 만족하며 살아온 알리 씨는 그날 밤 잠이 들 수 없었습니다. 자신은 정말 가난뱅이라는 생각이 들기 시작했습니다. 달라진 것도, 잃어버린 것도 없지만 너무나 큰 상실감과 불만으로 자신이 가난하다는 절망감까지 들었습니다. 그리고 절망감을 넘어 가난한 자신에 대해 화가 치밀어 올랐습니다. 마침내 다이아몬드 광산을 찾아 나서겠다는 결심을 하게 되었지요.

다음 날 새벽 그는 아직도 자고 있던 승려를 흔들어 깨워서 다급히 물었습니다.

"어디로 가야 다이아몬드를 찾을 수 있는 겁니까?"

"다이아몬드요? 아니 왜 다이아몬드를 찾으려 하는 겁니까?"

어젯밤 내내 잠 못 들고 번민에 빠진 알리 씨의 생각을
알지 못하는 승려는 의아해했습니다.

"저는 정말 부자가 되고 싶어요."

"알리 씨 당신은 지금도 부자이지 않습니까?"

"아니요. 더 큰 부자가 되고 싶어요."

"주로 어떤 곳에 있는지는 알지만 그곳이 정확히 어디인
지는 모르지요."

"어떤 곳입니까?"

"높은 산이 있고 그 사이로 하얀 모래밭이 펼쳐져 있는
곳, 그리고 그 모래밭 사이를 가로지르는 강이 있는 곳입니
다. 그런 하얀 모래밭을 찾으면 그곳에 다이아몬드가 있을
겁니다."

"정말 그런 강이 있을까요?"

"그런 강은 어디에나 있습니다. 당신은 그런 곳을 찾기만
하면 된답니다."

마음이 급했던 알리 씨는 급하게 집과 과수원과 농장을

다 처분해 경비를 마련했습니다. 이웃에게 가족들을 돌봐 달라고 부탁하고 다이아몬드를 찾으러 넓은 땅 유럽까지 먼 길을 떠났습니다. 그는 먼저 '달의 신'이라 불리는 곳을 찾아갔지만, 아무런 소득을 얻지 못했습니다. 그다음에는 팔레스타인의 땅으로 갔습니다. 그곳에도 그런 강은 없었습니다. 넓은 유럽 전역을 샅샅이 뒤지며 돌아다녔으나 허탕을 쳤습니다. 마지막 자금을 다 털어 스페인의 바르셀로나 해변에 도착했을 때는 누더기밖에 남은 게 없었고 누가 봐도 거지꼴을 한 모습이었습니다. 절망으로 울부짖고 있는 그의 앞에 '헤라클레스의 기둥'이라고 불리는 두 개의 바위가 버티고 있었고 바위 사이로 파도가 밀려왔습니다. 절망감과 나약해진 정신력 때문에 더는 버티지 못하고 그는 스페인의 어느 바다 하얀 파도 사이로 몸을 던지며 생을 마감했습니다.

슬프고 안타까운 이야기를 하다가 그 늙은 여행 가이드는 내가 탄 낙타를 멈추어 세우고 다른 일행의 짐을 내리는 것을 도와주었습니다. 저는 그가 한 슬픈 이야기에 빠져서 생각을 계속하고 있었습니다. 저 노인이 '특별한 친구'한테만 들려준다고 하면서 이 안타까운 이야기를 한 이유가 무엇인지 생각했습니다. 저는 많은 사람에게 많은 사연을 들어 왔지만 이런 이야기는 처음이었습니다. 이야기는 아직 끝나지 않은 듯했고, 주인공이 이야기 시작과 함께 죽어 버리는 것도 이해가 안 되었습니다. 가이드가 다시 내 옆에 왔습니다. 낙타의 고삐를 잡고 이야기를 이어갔습니다. 알리 씨 이야기의 다음 장이 펼쳐졌습니다.

　시간이 흘러 어느 날, 알리 씨에게 농장과 집을 샀던 사람이 낙타에게 물을 먹이러 물이 있는 쪽으로 갔습니다. 농장은 워낙 넓었고 그 사이로 작은 개울이 흐르고 있었습니다. 새 농장주는 낙타를 따라 걷다가 밭 사이에 흐르는 작은 개울 끝까지 갔는데 낙타가 거기에 서더니 개울에 머리를 박고 물을 마셨습니다. 그때 그는 개울가 하얀 모래땅에서 유난히 반짝이는 것을 보았습니다. 그는 지금까지 한 번도 보지 못한 전혀 색다른 빛이라 느꼈습니다. 무지개 색깔의 빛이 감도는 검고 아름다운 돌멩이를 주워서 집으로 돌아온 그는 벽난로 위에 장식품처럼 올려놓고 잊었습니다.

어느 날 동방의 승려가 다시 그 집을 찾아왔습니다. 승려는 그 집 거실로 들어오는 순간 바로 알아챘습니다. 벽난로 위에서 반짝이는 돌멩이가 무엇인지를. 승려는 놀라서 소리를 쳤습니다.

"다이아몬드다! 알리 씨가 다이아몬드를 찾아서 돌아왔군요"라고요.

"무슨 말씀인지요? 알리 씨는 돌아오지 않았습니다. 저 돌은 다이아몬드도 아니고, 저기 밭에 널려 있는 흔한 돌멩이 중 하나일 뿐입니다."

집주인은 말했지요. 그러나 승려는 놀란 가슴을 진정하지 못하고 말했습니다.

"아닙니다. 나는 다이아몬드를 잘 알고 있어요. 저 돌은 바로 다이아몬드가 맞습니다."

그 집주인과 승려는 바로 개울가로 달려갔습니다. 두 사람은 하얀 모래땅을 파헤쳐 보았지요. 벽난로 위에 올려놓았던 돌멩이보다도 더 크고 더 빛나는 돌, 다이아몬드들이 무더기로 쏟아져 나왔습니다.

그 가이드 노인의 이야기는 실화입니다. 유명한 '골콘다 다이아몬드 광산*'은 그렇게 처음 발견된 것입니다. 이 세상에서 가장 유명한 다이아몬드 광산이며, 우리가 잘 아는 킴벌리 광산보다 더욱 큰 광산이었습니다. 영국 여왕의 왕관을 장식하고 있으며 세상에서 가장 큰 다이아몬드라고 알려진 '코이누르'와 러시아 왕이 왕관에 새긴 '오를로프'라는 이름의 다이아몬드도 바로 알리 씨가 팔아버린 농장에서 발견된 것들입니다.

늙은 가이드는 다시 터번을 벗어 공중에서 빙글빙글 돌렸는데, 그 동작이 마치 상대를 더 깊은 생각에 빠져들게 하는 것 같았습니다. 알리 씨 이야기 속에 담긴 교훈이 무엇인지 찾아보라는 지시같이 여겨지기도 했습니다.

---

*골콘다 광산; 인도 동남부의 다이아몬드 광산, 1920년대까지만 해도 이 광산에 가기만 하면 누구나 부자가 된다고 소문이 났던 곳. 이곳에서 나오는 다이아몬드는 대부분의 다이아몬드에서 노란색을 띠게 하는 질소 성분이 없는 순수 결정체로 최고급이라서 Whiter than White, Super Diamond라는 애칭이 붙기까지 함.

"만일 알리 씨가 자기 농장을 자세히 살폈더라면 농장의 끝에서 끝까지 다 가 봤더라면 자기 땅을 더 사랑하고 더 아꼈더라면 어땠을까요? 그랬다면 그 고생을 하고 낯선 땅에서 거지가 되어 목숨을 잃지는 않았을 겁니다. 가까운 곳에서 보물을 찾는 노력을 했더라면 당연히 다이아몬드를 찾았겠지요. 그의 농장 전역이 다이아몬드가 쏟아져 나오는 광산이었으니까요."

그는 이렇게 교훈을 말해 준 것이지요. 저는 그 말을 듣고 나서야 그가 '특별한 친구'에게만 들려주는 이야기라고 했던 이유를 알 수 있었습니다. 저는 큰 깨달음을 얻었습니다.

그 늙은 가이드는 저에게 교훈을 주고자 했던 것입니다. 고향 미국에서 더 많은 것을 보고 배울 수 있는데 티그리스강을 유람하는 청년에게 대놓고 말하기 어려운 것을 그렇게 알리 씨 이야기를 비유해서 말했던 것이지요. 저는 노인의 뜻을 알았지만 아무 말도 하지 않았습니다. 다만 그가 들려준 이야기에서 번뜩 생각나는 바가 있어 그 이야기를 이번에는 제가 노인에게 해 주었습니다. 그 이야기는 나중

에 제가 펜실베이니아에서 생생하게 강연하기도 했던 다음
내용입니다.

자기 손안의 부를 놓치지 말라

1847년의 일입니다. 캘리포니아에서 농장을 하던 남자가 있었는데요. 어느 날 그는 캘리포니아 남부 지역에서 황금이 쏟아져 나온다는 소문을 듣게 됩니다. 그래서 자신도 황금을 찾겠다는 각오로 목장을 처분하고 떠났습니다. 알리 씨와 마찬가지로 그도 다시 고향으로 돌아올 수 없게 되었지요. 그리고 그의 목장을 인수한 슈터 대령이라는 사람은 목장에 흐르는 시냇물이 너무 좋아서 멋지게 물레방앗간을 지었습니다. 그렇게 목장을 세심히 관리하며 살고 있던 어느 날, 슈터 대령의 어린 딸이 물레방앗간의 물길에서 놀다가 젖은 모래 한 줌을 쥐고 집에 왔습니다. 딸은 그 부드러운 모래를 벽난로 앞에서 손가락 사이로 흘려 내리며 놀고 있었습니다. 그때 거실에 있던 한 손님이 그 모습을 보다가 반짝이는 것을 보았습니다. 그건 바로 사금이라고 하는 것이었지요. 캘리포니아에서 발견되던 황금 중에도 매우 급이 높은 것이었습니다.

말씀드렸다시피 그 목장을 팔아넘긴 원래 주인은 황금을 찾고 싶은 욕망에 사로잡혔었습니다. 그 목장을 팔지 않고 멀리 떠날 필요도 없이 원하던 황금을 가질 수 있었던 것이지요. 그 작은 목장에서는 무려 3천8백만 달러어치의 황금이 발굴되었습니다.

몇 년 전 나는 그 농장이 있던 도시의 한 강연에서 이 내용을 말했습니다. 그 지역 전체 농장주 중 삼분의 일이나 되는 농장주들이 금을 캐서 엄청난 수입을 만들어 냈다고 합니다. 그 금들은 세금조차 낼 필요가 없었습니다. 그런데 그보다 더 멋진 일들이 이곳 펜실베이니아에서도 있었습니다.

지금부터 해 드릴 이야기는 제가 강연하는 장소인 이곳 펜실베이니아에 살던 사람의 이야기입니다. 그는 보통의 펜실베이니아 지역 사람들과 다른 점이 없는, 매우 평범한 농부였습니다. 그도 자신의 농장을 처분하게 됩니다. 그렇지만 그는 앞서 황금을 찾아서 무작정 땅을 팔고 떠난 사람들과는 전혀 달랐습니다. 왜냐면 새로운 일을 찾았기에 떠나게 되었던 것이고, 그 새로운 일에 대한 공부도 철저히 했습니다. 그는 절대 욕망만 넘치는 어리석은 사람이 아니었습니다. 다른 일자리를 구해 놓지도 않고 현재의 일을 그만두는 만큼 멍청한 사람은 없습니다. 이것은 직업에 관한 변치 않는 원칙입니다.

그는 석유 사업에 관심을 두게 되었고 먼저 석유 채취장에서 일을 배워야겠다 싶어서 캐나다에서 석유 사업을 하는 사촌 동생에게 일자리를 부탁하는 편지를 보냈습니다. 북미에서 처음으로 석유가 발견된 곳은 캐나다였고 사촌 동생도 그곳에서 일찌감치 자리를 잡고 있었던 거지요. 그러나 처음 캐나다에서 온 답장은 실망스럽기만 했습니다. 그 편지 내용은 야멸찬 것이었습니다. 사촌은 이렇게 썼습니다. "형님은 석유에 대해 전혀 모르시지 않습니까? 그래서 확실히 일자리를 구할 수 있다는 약속을 해 드릴 수 없습니다"라고요. 하지만 이 농부는 포기하지 않았고 그날부터 석유에 대해 치밀하게 공부하기 시작했습니다.

그는 석유가 만들어지던 최초의 순간에 대해서부터 공부합니다. 지구가 온갖 식물로 덮여 있던 창조의 시간부터요. 그는 지구상의 식물들이 원생대의 석탄층으로 바뀌고 그 석탄층에서 석유를 퍼내는 것으로 알려졌지만, 그것이 아니라는 사실도 알게 되었습니다. 그는 석유의 모양과 냄새, 맛을 알게 되었고 정제하는 방법도 공부했습니다. 그리고 다시 사촌 동생에게 연락했습니다. 자신이 석유에 대해 샅샅이 공부한 내용을 적고 석유 사업을 시작할 준비가 다 되었음을 알렸습니다. 그러자 사촌 동생은 그를 불렀습니다. 그렇게 계획이 확실해지자 그때야 그는 농장을 팔았습니다. 그는 철저히 준비하고 농장을 팔고 캐나다로 떠났던 거지요.

그에게 농장을 산 새로운 농장주는 먼저 가축용 수로부터 새로 단장하기로 합니다. 농장 주변은 전혀 관리가 되지 않고 있어서 헛간 바로 뒤로 개울이 흐르고 있었지만 개울 너머에는 쓰레기 더미가 산처럼 쌓여 있었습니다. 그런 상황이라 가축들이 쓰레기 더미 쪽으로 가지 못하도록 개울 가에 울타리가 쳐져 있었습니다. 그래서 가축들은 가까운 개울에서 물을 마시지 못하고 멀리 떨어진 곳까지 가서 물을 마시고 다시 헛간으로 돌아와야 했습니다. 새 농장주는 그 쓰레기 더미부터 치우고 가축들이 자주 편하게 물을 마시게 해야겠다 싶어 큰 공사를 시작하게 됩니다.

그 농장주는 개울 너머 쓰레기 산 밑에 석유가 숨어 있으리라고는 생각도 못 했지요. 캐나다로 석유 사업을 하러 떠난 옛 주인과 마찬가지로요. 그러나 두 사람의 차이는 가축용 울타리를 치우고 쓰레기 산을 치우는 대공사를 시작했느냐 아니냐의 차이였지요. 십 년쯤 뒤에 펜실베이니아의 지질학자들은 그 농장에 약 천만 달러어치의 석유가 매장되어 있다고 발표했습니다. 그리고 다시 본격적인 석유채굴이 진행되자 매장 규모가 1억 달러어치라고 수정했습니다.

그 농장, 아니 그 석유매장 터의 원래 주인이었던 남자는 신이 세상을 창조한 시대부터 오늘날에 이르기까지 석유에 관한 모든 것을 공부할 정도로 철저한 사람이었습니다. 그는 1억 달러 이상의 석유가 매장된, 보물 같은 대단한 땅을 하찮게 여겨 단돈 833달러에 팔아 버리고는 석유채취 일자리를 구하기 위해 먼 길을 나선 것입니다. 아무리 생각해도 너무나 어리석은 일이지요. 그는 나머지 인생 23년을 스스로를 저주하며 살다가 생을 마감했다고 합니다.

매사추세츠에서도 비슷한 일이 있었습니다. 어디에서든 똑같은 일들이 일어나지요. 내가 사랑하는 내 고향에서 그런 안타까운 일이 있었다는 것은 더욱 유감스럽습니다. 지금부터 들려 드릴 이야기의 주인공은 예일대에서 광산학을 공부했던 사람입니다. 얼마나 유능한 우등생이었으면 대학에서 이 청년에게 성적이 부진한 다른 학생들을 가르치도록 당부하기까지 했을까요? 이 똑똑한 청년은 학교로부터 당시에 매우 많은 돈인 주급 15달러를 조교 급여로 받으면서 만족스럽게 공부했습니다. 대학을 졸업하자 예일대에서는 주급을 세 배나 높여 45달러에 교수로 채용하며 학생들을 계속 가르쳐 달라고 제의했습니다. 그는 고향의 어머니에게 가서 자랑스럽게 그 사실을 말했습니다. 자그마치 주급으로 45달러나 받게 된 일을 말이지요. 이 이야기를 끝까지 듣고 나면 제 말뜻을 아시게 되겠지만, 대학 측에서 그가 받고 있던 15달러의 주급을 16달러쯤으로 올렸다면 그는 그 제의를 받아들였을 것이며, 그에게 그렇게 불행한 일이 일어나지 않았을 것 같습니다.

그는 대학 측이 주급을 45달러로 인상해 주자 처음엔 뛸 듯이 기뻤지만 점차 생각이 달라졌습니다. 15달러에도 만족하던 그는 45달러라는 큰돈을 받게 되니 자신이 전공 분야인 광산학에서 정말 유능한 인재라는 생각이 들었습니다. 더 큰돈도 벌 수 있는 사람이라는 생각이 들었습니다.

"어머니, 주급 45달러를 받고 일하지는 않겠어요. 나처럼 뛰어난 능력자가 주급 45달러에 만족할 수는 없지요. 캘리포니아로 가야겠어요. 저는 광산학에서는 정말 뛰어난 인재이니 당연히 금광을 찾아낼 수 있고, 큰 부자가 될 수 있어요."

이야기를 들은 어머니도 동의했습니다.

"그래, 아들아. 당연히 그렇게 해야지. 너는 그럴 수 있는 능력이 있어. 돈을 많이 벌어 멋지게 살아 보자"라고요.

"어머니, 돈이 곧 능력이에요."

미망인인 어머니는 외동아들에게 모든 결정권을 주어 왔고, 이런 생각에도 당연히 찬성했습니다.

모자는 매사추세츠에 있는 자신들의 땅과 집을 다 정리하고 떠났습니다. 목적지는 캘리포니아가 아니라 위스콘신이었습니다. 영리한 아들이 새로운 전략을 짰기 때문입니다. 위스콘신에 있는 구리회사에 주급 15달러를 받고 일하기로 했는데 그 계약서 안에 이 남자의 숨은 뜻이 들어 있었습니다. 만일 그가 광맥을 발견할 경우 엄청난 지분을 받기로 명시해 두었습니다. 그가 과연 광맥을 찾아냈을까요? 그렇지 않은 것 같습니다. 그 구리회사의 주식을 갖고 있는 한 사람을 알고 있는데 지금까지 전혀 이익을 얻지 못한 상태이니까요. 그 남자도 결국 회사를 그만두었습니다. 그리고 그 이후로 어떤 소식도 들을 수 없었습니다. 그런데 이야기는 이렇게 끝나지 않습니다.

그 모자로부터 땅을 사들인 농부에게 커다란 행운이 찾아왔습니다. 감자가 무럭무럭 자라고 있던 밭을 인수한 농부는 농사를 열심히 지었지요. 잘 익은 감자를 캐내서 바구니에 담고 이동하던 어느 날, 돌담길 사이가 너무 좁아서 커다란 감자 바구니를 옮기는 것이 불편하다는 생각이 들었습니다. 돌담 사이를 지날 때마다 무거운 감자 바구니를 땅바닥에 내려놓고 돌담에서 튀어나온 커다란 돌을 밀어 가면서 공간을 좀 넓게 만들어 요리조리 바구니를 밀어 가며 지나야 했습니다. 그는 돌담 사이 길을 정비해서 좀 넓게 만들기 위해 일을 시작했습니다. 그렇게 돌담을 정비하며 돌멩이들을 나르던 순간, 이상한 돌이 하나 끼어 있는 것이 농부의 눈에 들어왔습니다. 그 돌멩이는 그냥 돌이 아니었지요. 은 덩어리였습니다. 얼마나 놀랍고 기이하기까지 한 일입니까? 광산학을 공부했고 그 분야의 뛰어난 인재라고 자부했던 그 청년이, 당시에 엄청나게 큰 주급인 45달러에도 만족 못 한 그 잘난 청년이, 자기 집 땅에 엄청난 은광을 소유하고 있으면서도 그것을 알지 못하다니요.

그 청년은 그 농장에서 나고 자랐고, 그 돌담길을 수없이 지나다녔지만, 그런 보물이 묻혀 있는 땅이라고는 생각도 못 한 것이지요. 그 돌담길은 늘 지나다니는 좁은 통로에 불과했을 테니까요. 가까운 곳에 소중한 것이 있다고 생각하지 않는 게 일반적입니다. 광산학을 공부하고 멀리 떠나서 보물을 찾던 그 청년은 꿈을 이루지 못했지요. 참 안타깝게도 너무나 많은 사람이 그 청년과 똑같은 어리석은 실수를 합니다. 이 이야기를 들으며 사람들은 그 청년을 불쌍히 여기거나, 어쩌면 비웃기도 하겠지요.

오늘 저는 이 강연에서 지금까지 수십 년 동안 보아 오던 것을 다시 확인하고 있습니다. 그 청년 같은 실수를 저지르는 사람들을 이곳에서 봅니다. 여러분은 자신이 사는 이곳이 '다이아몬드의 땅'이라는 것을 모르고 있습니다. 물론 말하겠지요.

"당신은 이 도시를 모르고 하는 말입니다"라고 반박도 하시겠지요. 그럼 다른 이야기를 하나 더 해 드리겠습니다.

  예전에 노스캐롤라이나에서 다이아몬드 광산을 발견한
한 남자에 대한 기사가 신문에 소개되었습니다. 그 광산은
너무나 채산성이 뛰어난 유명한 다이아몬드 광산입니다. 그
런데 이 다이아몬드가 가득 들어 있는 땅을 여러 사람이
그냥 스쳐 갔다는 것입니다. 궁금해진 저는 유명한 광물학
교수를 찾아가서 그 광산의 맥이 어떤 지점으로 뻗어 있는
지를 물어본 적이 있습니다. 그 교수는 지질도를 펼쳐서 자
세히 광맥을 그어 가며 설명해 주었습니다. 그 광맥이 서쪽
으로 오하이오와 미시시피로 뻗어 있을 수도 있지만, 동쪽
버지니아를 거쳐 대서양 해안으로 뻗어 있을 가능성이 더
높다고 말했습니다. 물론 다이아몬드는 그 교수가 말한 대
로 가능성이 더 높은 곳에 있었습니다. 그런데 탐사하는 동
안 그 교수가 전혀 언급하지 않았던 북쪽에서도 다이아몬
드가 발견되었다고 합니다. 결국 그 교수의 말이 다 맞지는
않았지요. 아무도 모릅니다. 여기 이곳에서 땅을 파 보지 않
은 사람이 "이곳에는 다이아몬드가 없다"라고 말할 수는 없

는 일이지요.

사실 다이아몬드는 다이아몬드를 의미하는 것이 아닙니다. 기회를 의미하는 것입니다. 세상에서 제일 좋은 '다이아몬드의 땅'이 어느 곳이라고 말할 수는 없습니다. 지구는 넓고 다이아몬드가 있는 곳은 매우 드무니까요. 저는 다이아몬드를 예로 들어서 말했을 뿐입니다. 제가 꼭 말씀드리고 싶은 것은 다이아몬드가 아닙니다. 당신이 다이아몬드의 땅을 갖고 있지 않더라도, 지금 이곳에서 당신은 당신이 원하는 모든 것을 이미 갖고 있다는 것, 그것을 일깨워 주고 싶고 그것을 찾아내기를 바라는 마음을 말씀드린 것입니다.

얼마 전에 영국의 여왕님이 주최한 연회에서 여왕님이 한 미국 여성을 크게 칭찬한 일이 있었습니다. 여왕님은 손님으로 온 그녀가 파티장에 아무 보석으로도 치장하지 않고 참석한 것을 극찬한 것입니다. 모두 번쩍이는 보석으로 한껏 꾸미고 온 파티에 그녀만은 수수한 복장으로 검소하게 등장한 것이지요. 여왕님은 그녀의 소박하고 순수한 모습에 감동했던 것입니다. 그렇다면 다이아몬드 그 자체가 무슨 소용이 있습니까? 우리가 신경 써야 할 것은 화려한 다이아몬드 빛이 아니라는 것이지요. 겉모습은 중요하지 않습니다. 언제나 검소하게 살아가는 게 좋습니다. 지나치게 사치스러운 것은 다 팔아 치우고 돈으로 바꾸어 저축해 놓는 것이 좋습니다.

내 강연을 듣는 모든 사람이 부자가 될 수 있습니다. 저는 지금까지 제 삶을 바쳐 제가 진리라고 믿고 있는 것을 당신께 전해 주고 싶습니다. 지금까지의 제 삶이 헛된 것이 아니므로, 제가 진리라고 믿는 것은 하나님이 보시기에도 그러하실 것이라 믿습니다. 제 말씀을 듣는 당신은 큰 부자가 될 기회를 붙잡은 것이나 마찬가지입니다.

제 인생에서 얻은 한 가지 교훈을 말하라면 바로 이것입니다.

"위대함이란 어떤 자리, 어떤 위치에 있느냐가 아니다. 하고 싶고 의미 있는 일을 실천해 자신의 목표를 이루어 나가는 것이다."

자신의 환경, 위치에서 위대해질 수 있습니다. 자기가 있
는 곳에서 타인에게 축복을 주는 사람, 훌륭한 시민이 되고
자 하는 사람, 더 행복한 가정을 꾸리고자 하는 사람, 무엇
을 하든 남에게 즐거움을 주는 사람, 그런 사람은 어디에서
나 위대해질 수 있습니다. 지금 당신이 계신 곳, 당신이 처한
환경에서 간절히 원하고 행동한다면, 당신의 꿈은 반드시
이루어집니다.

3장. 위대한 부자가 되는 방법

항상 크게 생각하십시오.
그래야 큰 성공도 거둘 수 있습니다.
물론 작은 성공이 소중하지 않은 것은 아닙니다.
작은 성공을 거둔 것과 같은 노력이
올바른 방향을 향해 있고 계속 진행된다면
결국 큰 성공도 거둘 수 있습니다.
그러니 더 큰 성공을 추구하고 밀고 나가야 합니다.

성실하게 살며
누군가를 돕는 사람이 되라

저는 원래부터 남 앞에 나서기를 좋아했던 것 같습니다. 그런 체질이 저를 이끌었던 것 같습니다. 사람들이 모이는 곳이면 어디나, 시장이든 졸업식장이든 봉사단체든 찾아다니면서 연설했습니다. 얼마 되지 않는 대가를 받으면서도 경험을 쌓는다는 생각으로 어떤 곳이든 최선을 다해 강연했습니다.

제가 강연을 하고 받은 최초의 강연료는 75센트였습니다. 거의 교통비를 받은 정도였지만, 처음 사례를 받다 보니 너무 기뻐서 어쩔 줄 몰랐습니다. 그때를 기억하면 지금도 기분이 좋아집니다. 그 시절은 저에게 너무나 귀한 훈련의 시간이었지요. 제 인생은 강연을 제외하면 말할 것이 없습니다. 강연을 통해서 많은 인연이 생겨났고, 수천만 명의 국민과 친숙해졌습니다.

저는 지금도 쉬지 않고 여러 곳에 강연을 다닙니다. 아이오와, 미네소타, 뉴저지, 뉴욕……. 미국의 서쪽부터 동쪽까지, 북쪽에서 남쪽까지 전국 방방곡곡을 찾아갑니다. 많은 강연료를 받습니다. 이렇게 벌어들인 강연료는 도움이 필요한 사람들에게 고루 나누어 드립니다. 강연료는 제가 번 돈이 아닙니다. 우리 모두가 번 돈입니다. 저를 도와주시고 여러 가지를 지원해 주시는 분들이 계시기에 강연을 지속할 수 있었습니다. 저는 이제 나이가 일흔이 넘었습니다. 그렇지만 아직 저에게 '휴식'이라는 단어는 허용되지 않습니다.

제 이야기를 말씀드려 보겠습니다. 저는 매사추세츠 버크셔의 작은 오두막집에서 태어났습니다. 부모님은 너무나 가난하셨지요. 그런데 특이한 점이 있습니다. 우리 집은 '언더그라운드 레일로드'라는 비밀 조직의 아지트로 사용되고 있었습니다. 그 조직은 노예를 미국 북부 지역이나 더 위쪽인 캐나다로 피신시키는 활동을 하고 있었고, 우리 집을 임시 거처로 사용했습니다. 아버지는 자유를 위해 탈출하는 노예들을 숨겨 주고 그들이 무사히 도망칠 수 있도록 안내해 주는 역할을 하고 있었습니다.

제가 다닌 학교는 교실 하나로 구성된 정말 작은 학교였지요. 어려운 형편에 학교를 다닌다는 것이 불가능했지만, 선생님과 목사님은 제가 교육을 더 받아야 한다고 부모님을 설득하셨지요. 제가 학교에 계속 다니는 것은 우리 집에서 다른 가족이 많은 희생을 대신 치러야 하는 일이었습니다. 윌브라함 아카데미로 진학하고 나서 저는 학비와 생활비를 벌기 위해 집집이 대문을 두드리며 책 장사를 했습니다. 그때 들고 다니던 견본책은 물론 다 읽었지요. 그렇게 많은 책을 읽은 것이 저에게는 커다란 자산이 되었고 독서를 통해서 세상에 대해 폭넓은 생각을 가질 수 있었습니다.

지금도 많은 젊은이가 저처럼 힘든 시절을 보내고 있으리라 생각합니다. 그래서 저는 이 말을 꼭 해 주고 싶습니다.

"고난은 순간일 뿐이다. 용기를 가지되 인내하며 성실한 삶을 살면 고난은 다 물리칠 수 있다!"라고요.

성실하게 사는 것, 이것은 제 삶의 철학입니다. 제 인생 최고의 원칙이 성실입니다. 저는 강연을 할 때 이 자리에서 꼭 한 사람이라도 구하겠다는 마음가짐을 갖습니다. 제 말씀이 전혀 받아들여지지 않는 분도 있지요. 그런 분을 만나면 정말 마지막이라는 심정으로 절박하게 말씀드립니다. 심각한 상황에 놓인 사람을 만나 격려할 때 제가 반드시 인용하는 격언이 있습니다.

"절대적인 진리를 믿어라. 그리고 최선을 다하라."

저는 늘 작은 수첩을 하나 가지고 다닙니다. 거기에는 도움이 필요한 사람들의 이름이 적혀 있습니다. 면담자 리스트라고 하지요. 제가 일하는 대학의 단과대학 학장들로부터 도움이 필요한 학생들의 명단을 받은 것이지요. 저는 면담을 통해서 누구보다도 더 그 학생들의 형편을 잘 알게 되었습니다. 전국을 돌면서 강연을 하고 나면 저는 강연료를 받습니다. 그리고 강연지에서 쓰이는 경비를 빼고 난 나머지 돈을 그 리스트에 있는 한 학생에게 보냅니다. 격려와 충고의 편지도 써 보내지요. 용기를 주는 말을 적어 보내기 위해 노력하는데, 꼭 보태는 말은 저의 도움에 신경 쓰지 말고, 도움에 대한 의무감 같은 것을 절대 갖지 말라고 당부합니다. 다만 성실히 노력해서 이 세상에 정말 필요한 사람이 되라고 합니다. 그리고 저는 그 힘든 학생이 항상 자신을 격려하는 친구가 옆에 있다는 사실을 잊지 말라고 씁니다. 그렇게 돈과 편지를 보내고 나면 그 리스트의 바로 다음 학생으로 넘어갑니다. 또 다른 학생에게 돈과 편지를 빨리 보낼 수 있기를 바라면서 더 열심히 일합니다.

얼마 전, 미네소타에서 강연을 마치고 집으로 가는 기차 안에서 한 청년이 흥분된 얼굴로 저에게 달려왔습니다.

"선생님, 저는 학창 시절 선생님의 강연을 들었던 존입니다. 이렇게 선생님을 다시 뵙게 되니 꿈인가 싶습니다."

그 청년은 감격해서 말을 이어갔습니다. 내가 베푼 작은 도움으로 자신이 이렇게 어엿한 사회인이 되었다면서 아내를 데리고 와서 인사시켰지요. 아내도 남편한테 저에 대해 많이 들었다면서 감동하고 있었습니다. 저도 너무나 감격스럽고 기뻤지요. 그 청년은 작은 시골 마을에서 의사로 일한다고 했습니다. 더 큰 도시로 나가지 않는 이유는 '명예롭고 성실하게 사는 사람은 어디에서든지 누군가를 도와야 한다'는 나의 메시지를 실천하고 있기 때문이라고 했습니다. 저는 더 감격스러웠지요. 저의 작은 메시지를 삶의 원칙으로 삼고 실천하는 그 의사 선생의 표정에서 확신에 찬 어떤 신념을 읽을 수 있었기 때문입니다.

그리고 그 의사 선생은 저를 이곳에 초대했습니다. 자기 마을 사람들을 위해 강연을 꼭 해 달라고 부탁했지요. 물론 저는 아주 기쁘게 약속했습니다. 그 청년은 바로 여기에 앉아 있는 닥터 존입니다.

저는 오늘 특별한 선물을 드릴 것입니다. 그것은 '부자가 되는 선물'입니다. 그 선물을 받고 안 받고는 자유입니다. 그러나 저는 장담할 수 있습니다. 제가 드리는 선물을 가슴속에 간직하고 실천한다면 여러분은 분명히 부자가 될 것입니다. 지금까지 저의 선물을 받았던 수많은 사람이 그 사실을 입증해 주고 있으니까요.

저는 지난 50년간 하루 16시간을 일했습니다. 전국 여러 곳에서 5천 번이 넘는 강연을 했지요. 저는 강연 때마다 제 강연에 청년들이 많이 자리해 주기를 바랍니다. 닥터 존이 그랬던 것처럼 제 말씀이 청년들의 인생에 하나의 전환점이 되기를 기대합니다.

제가 특별히 젊은 분들에게 제 이야기를 하고 싶은 이유는, 그들은 아무 거부감 없이 뭐든지 잘 받아들일 수 있는 시기이기 때문입니다. 기성세대처럼 관습에 사로잡혀 있지 않기 때문입니다. 그들은 무한한 가능성 그 자체이며 아직 실패가 무엇인지 모르는 희망이 가득한 세대입니다. 그들이 닥터 존처럼 훌륭히 성장하고 성실하게 살며 누군가를 돕는 어른이 되길 바랍니다.

일단 시작부터 시작하라

시작을 미루지 마십시오. 일단 시작부터 시작해야 합니다. 제가 보스턴에서 변호사를 하고 있던 삼십 대 후반의 일입니다. 어느 날 모르는 사람이 찾아와서 작은 교회를 파는 일을 의뢰했습니다. 렉싱턴에 있는 조그만 교회였지요. 저는 렉싱턴으로 직접 찾아가서 그 교회의 상태를 보았습니다. 그리고 매각 방법을 의논했지만, 그 아담한 교회를 팔아야 한다는 것에 안타까운 생각이 들었습니다.

열 명도 채 안 되는 교회 신도들을 모아놓고 매각 문제를 의논하는데, 모두 침울한 얼굴로 앉아 있었고 긴 시간 침묵이 흘렀습니다. 노인 한 분이 일어서서 떨리는 목소리로 말씀하시더군요.

"도저히 다른 방법은 없을 것 같습니다. 제 평생 함께해 온 교회지만 말씀하신 대로 팔 수밖에요."

모든 신도가 동의하는 분위기였습니다. 노인은 아주 어린 시절 있었던 교회에서의 일을 회상하는 말을 하다가 회의가 끝나기도 전에 다리를 절룩거리며 고단한 몸을 이끌고 교회를 나갔습니다. 남아있던 신도들은 한마디도 하지 않고 슬픈 얼굴을 하고 있었습니다. 그때 제가 불현듯 용기를 내서 말을 꺼냈습니다.

"여러분, 여러분은 왜 다시 시작할 생각을 하지 않습니까? 이 교회를 끝까지 지켜볼 생각을 하지 않습니까?"

한 분이 대답했습니다.

"교회가 너무 오래되고 낡아서 건물이 주저앉을까 봐 걱정입니다."

저도 이미 교회를 샅샅이 둘러보았기에 잘 알고 있었지만, 이렇게 말했습니다.

"내일 아침, 교회에서 다시 만납시다. 같이 교회를 고쳐 보아요. 이 교회에서 예배를 볼 수 있도록 고쳐 보는 겁니다."

침울하던 그들이 하나둘 환한 미소를 보이며 고개를 끄덕였습니다. 저는 용기를 더 북돋웠고, 사람들은 자신감을 조금 얻은 것 같았습니다. 저는 그 자리에 계신 분들과 그들의 이웃이 다음 날 아침에 교회로 모일 것이라 확신했습니다.

저는 다음 날 망치와 도끼, 지렛대를 챙겨 들고 교회로 갔습니다. 그런데 아무도 오지 않았습니다. 저는 혼자 멍하니 교회를 쳐다보았습니다. 그 교회를 수리해서 고친다는 것은 불가능해 보였습니다. 고칠 수 있는 수준이 아니었으니까요. 그렇다면 새 교회를 짓는 방법밖에 없지요. 그래서 저는 망치를 들고 교회를 부수어 허물어뜨리기 시작했습니다.

망치를 힘껏 내리치며 일을 하고 있는데 한 남자가 다가오더군요. 전날 만난 교회 신도가 아니었지요.
"아니, 교회를 도대체 어떻게 하려는 겁니까?"
"보고 계시잖아요. 낡은 교회 건물을 부수고 있는 겁니다. 새 교회를 지을 겁니다."

저는 유쾌하게 답하며 일을 계속했습니다.

"사람들이 그걸 동의할까요?"

"마을 사람들이 새 교회를 원한다는 걸 저는 알고 있습니다."

저는 그의 시큰둥한 반응에 아랑곳하지 않고 하던 일을 계속했습니다.

계속 지켜보고 있던 그 남자가 이렇게 말했습니다.

"제가 새 교회를 짓는 데 100달러를 기부하겠습니다. 저기 말 보관소 보이지요? 그곳에 제가 있을 테니 저녁에 오시면 100달러를 드리겠습니다."

저는 감사의 인사를 하고는 계속 일을 하고 있었는데, 또한 명의 남자가 가던 길을 멈추고 제가 하는 일을 지켜보고서 있더군요. 그 또한 제가 새 교회를 지으려 한다는 사실에 황당한 표정을 지었습니다. 그래서 저는 아까 말 보관소에서 일하는 사람이 기부하겠다고 했다는 말을 했습니다.

"그 돈을 아직 받은 것은 아니니까, 그 사람이 기부할지안 할지 모르는 일입니다."

그는 믿을 수 없다는 듯이 말했습니다.

"아직 받은 것은 아니지만 오늘 저녁에 그 기부금을 받게 될 것입니다."

"절대 그런 일은 없을 거요. 저는 그 사람을 알아요. 교회에 한 번 나와 본 적도 없는 사람이거든요."

나는 더 이상 대꾸하지 않고 계속 망치질을 하며 일하고 있었습니다. 지켜보던 남자는 한마디 하고 떠났습니다.

"말 보관소 남자에게 돈을 받게 된다면 나한테도 오십시오. 그가 기부하는 금액만큼 저도 기부하겠습니다."

그 두 남자는 각각 100달러씩 기부했습니다. 그 당시에는 상당히 큰돈이었습니다. 교회 사람들은 아무 상관도 없는 제가 노동을 하며 그들을 돕는 이유를 이상하게 여겼습니다. 그러나 저는 하던 일을 계속했습니다. 교회 건물을 허무는 일은 혼자 하기엔 너무나 힘든 일이었지만 쉬지 않고 계속해 나갔습니다. 교회 사람들은 저의 모습을 지켜보다가 하나둘씩 새 교회 짓는 일에 나서기 시작했습니다.

교회 건물 철거작업이 끝나고 새 교회를 짓게 되면서 시간이 꽤 걸릴 것 같았고 예배를 계속 볼 수 있어야 하는데 그 교회에는 목사가 없었습니다. 나는 보스턴에서 일하고 있었지만, 주말마다 렉싱턴으로 가서 그들을 위해 설교했습니다. 그 마을에 방을 하나 빌리고 그 장소에서 예배를 보게 했지요.

그 일은 저의 인생도 바꾸어 놓았습니다. 제가 변호사로서 얻은 명성을 과감히 버리고 목사가 되기로 결심하게 된 계기였으니까요. 오랜 기간 목사가 되고 싶다는 꿈은 있었지만 변호사 일에 집중하며 연설자가 되기 위해 준비하느라 바빴을 때였습니다. 마침내 꿈을 실현할 때가 이렇게 찾아온 것입니다. 그렇게 저는 렉싱턴에서 설교를 시작했고 마침내 새 교회가 지어졌을 때 그 교회에서 정식으로 목사가 되었고, 그 아담한 교회는 용기와 희생정신과 창의성을 상징하는 건축물이 되었습니다.

제가 명성과 풍족함을 보장받던 변호사 직업에 비교도

되지 않는 아주 소액의 목사연봉을 받고 목사가 되었을 때, 제 아내의 친인척들은 바보 같은 짓이라고 나무라셨습니다. 그분들의 마음도 충분히 이해할 수 있는 것이었지요. 그래서 저는 교회 대표에게 이렇게 말했습니다.

"지금은 제 연봉이 600달러지만, 교회 신도 수를 두 배로 늘리면 연봉도 두 배로 올려 주십시오"라고요. 그때 교회 사람들은 제 말을 농담으로 생각했습니다. 작은 마을에서 교회 신도를 배로 올리는 일이 가능할 수가 없는 상황이었으니까요. 그러나 저는 1년이 되기 전에 연봉을 두 배로 받게 되었습니다.

저는 그 교회에서 목사 일을 시작할 것인지 고민할 때 존경하는 선배 성직자분들을 생각했습니다. 그들이 왜 박해를 받으면서도 성직자가 되었는지 그 이유를요. 분명 그 길에도 믿음과 함께 기쁨도 있을 것으로 생각했습니다. 그래서 모든 것을 버리고 목사의 길로 저의 새 인생을 시작했습니다.

몇 년이 흘렀을 때 필라델피아에 있는 한 교회의 집사가 저를 찾아왔습니다. 여러 어려움을 겪고 있는 그 교회에서 저를 담임목사로 초빙하기 위해서였습니다. 필라델피아는 저에게 특별한 의미를 지닌 곳이었습니다. 남북전쟁에 참여 했을 때 부상을 당해 입원했던 곳이 거기였고, 언제나 저에 게 많은 은혜를 베풀어 준 곳이 필라델피아였습니다. 렉싱턴의 교회는 자리를 잘 잡았으므로 저는 필라델피아에 다시 가고 싶었고, 연봉 800달러를 받기로 하고 그 교회로 향했습니다. 그때부터 이 순간까지 그 교회의 담임목사로 일하고 있습니다. 800달러에서 시작한 연봉이 이제는 수천 달러로 인상되었지요.

그 작은 교회는 예배당도 작았고 신도 수도 적었습니다. 그러나 제가 목회 활동을 시작하면서 신도 수가 늘어나 일요예배나 교회학교는 문전성시를 이루었습니다. 교회에 더 이상 한 사람도 들어갈 여유 공간이 없어서 돌아서야 하는 사람도 있었을 정도니까요.

그런데 어느 날 한 소녀가 교회 문 앞에서 울고 있는 걸 보았습니다. 소녀는 눈물 젖은 목소리로 말했지요.

"교회학교에 들어갈 수가 없어서 속상해요."

보니까 교회는 정말 더 이상 한 사람도 들어설 공간이 없더군요. 저는 소녀를 번쩍 들어 올려 목말을 태우고 구름 떼처럼 모인 사람들을 뚫고 헤쳐 들어가 소녀가 예배를 볼 수 있게 했고, 소녀에게 약속도 했지요. 곧 많은 사람이 들어가서 예배 볼 수 있는 커다란 예배당을 짓겠다고요. 소녀는 부모님께 제 말을 전했다고 합니다. 그게 끝이 아니라 그 어린 소녀는 더 큰 교회와 교회학교 건물을 짓는 데 필요한 헌금을 모으기 시작했습니다. 소녀의 부모는 딸에게 자잘한 심부름을 시키며 그때마다 수고비를 주었습니다. 소녀는 그 돈을 차곡차곡 모았고, 나중에 그 이야기를 듣고 저는 정말 감동했습니다. 그렇게 어여쁜 소녀는 새 교회학교 건물을 짓는 것조차 못 보고 갑자기 병을 얻어 하나님께 갔습니다. 장례식에서 소녀의 아버지가 소녀의 헌금에 대한 노력을 이야기해 주었지요. 그리고 소녀가 모은 돈 57센트를 저에게 주셨습니다.

저는 교회 재정에 관련된 사람들에게 그 이야기를 했고, 소녀의 57센트는 새 교회를 짓는 데 초석이 되었습니다. 새 교회를 짓는 일에 대해서 그저 먼 미래의 희망일 뿐이라고 여겼던 사람들은 소녀의 행동에 큰 감동을 받았고 소녀의 뜻을 이어가기 위해 모두 나섰습니다. 그리고 교회의 재정 담당자들은 뜻을 모아 교회를 짓기 위해 대로변의 좀 더 넓은 땅을 사기로 했습니다. 저는 적당한 땅을 찾았고 그 땅의 주인을 만나 소녀의 57센트 이야기를 했지요. 그 땅 주인은 교회에 다니지 않던 사람이었고 하나님을 믿지도 않는 사람이었지만, 제 이야기를 진지하게 들었고 그 땅을 팔겠다고 결정했습니다. 가격은 1만 달러였고 우리가 감당할 수 없는 금액이었습니다.

기적이란 이런 때 일어나는 것입니다. 기적은 늘 예상조차 못한 상황에서 우리에게 더 큰 감동을 주지요. 그 땅 주인이 57센트만 선불로 받겠다고 한 것입니다. 나머지는 5%의 모기지로 조금씩 갚으라고 했습니다. 저는 너무나 큰 축복이라고 여겼지만, 교회 사람들은 저와는 다른 생각을 하더군요. 새 교회를 짓고는 싶지만, 그렇게 이자를 내며 할부로 땅을 구입하는 것에 부담을 느껴 반대하더군요.

며칠 뒤, 늦은 밤 저와 아내가 외출했다 집에 돌아왔을 때였습니다. 춥고 비가 내려 눅눅한 날씨에 고민이 더 깊어지고 있었는데 밖에서 보니 집안 곳곳에 불이 켜져 있고 저의 좁은 집에 사람들이 가득 차 있었습니다. 교회 분들이 와계셨고 저는 아내에게 저분들 무슨 좋은 시간을 보내고 있는 것 같다고 말했습니다. 집에 들어와 그 이유를 알게 되었지요. 1만 달러의 기부금을 모았다고 그 소식을 빨리 전하러 저의 집에 먼저 와 계셨던 것입니다. 우리가 원하던 교회 부지를 빚지지 않고 살 수 있도록 노력해 온 것이었습니다. 그 어린 소녀의 57센트가 만들어 낸 진짜 기적이었던 것입니다.

드디어 교회 건설이 시작되었고 1891년에 교회가 완성되었습니다. 교회의 벽은 새 교회를 짓는 데 도움을 주셨던 수천 명의 이름이 새겨진 타일로 꾸며졌습니다. 누구든 단

1달러를 기부했더라도 그 이름을 새겼습니다. 더 많은 어린 학생들이 들어갈 수 있는 커다란 교회학교 강당과 청년회실, 식당 등이 만들어졌습니다. 돌로 지어졌으며 원형 극장처럼 만들었습니다. 신선한 공기와 빛이 잘 들어오게 지었고 중세 시대 교회 특유의 어둡고 종교적인 조명을 전혀 쓰지 않았습니다. 강단 뒤에는 합창단을 위한 계단식 좌석을 만들었습니다. 교회 건물 그 자체로 아름답기보다는, 여러 사람이 줄을 만들어 둘러싸고 있을 때 진정 아름다워지는 곳입니다. 지금 필라델피아에 우뚝 서 있는 템플 침례교회는 이렇게 소녀가 만들어 낸 기적과 수많은 사람의 뜻이 모아져서 세워진 것입니다.

이 순간에도 생각만 하고 꿈만 꾸고 있는 당신에게 저는 말씀드리고 싶습니다.

"시작부터 시작하라!"고요. 무엇보다 먼저, 시작을 해야 합니다. 생각만 하지 마시고요. 누구나 두렵습니다. 이런 이유 저런 사정으로 머뭇거린다면 아무것도 할 수 없습니다. 많은 사람이 제대로 시작할 수 있을 때까지 기다립니다. 그러면 시작조차 못 할 가능성이 높습니다. 아무리 시작이 작고 보잘것없더라도 당장 시작할 준비를 해야 합니다. 그리고 바로 시작해야 합니다. 용기를 내시고 바로 지금, 시작해 보십시오. 원하는 것을 이룰 수 있습니다.

인내심의 크기만큼
원하는 것을 이룰 수 있다

성공은 쉽지 않습니다. 오랜 인내가 필요합니다. 쉽게 성공할 수 있다면 성공이 아닙니다. 온 힘을 쏟아 넣고 마지막 순간까지 기다릴 수 있는 사람에게만 주어지는 커다란 선물이 바로 성공입니다.

성공하는 방법에 대해 질문하는 사람들에게 제가 첫 번째로 이야기하는 것이 바로 '인내'입니다. 인내하면 모든 것을 이룰 수 있습니다. 인내는 초조하고 조급하고 불안하고 분노하게 되는 온갖 나쁜 상황을 경계하는 방패 같은 역할을 합니다. 자기도 모르게 충동적으로 저지르게 되는 실수를 미리 막아 주는 예방주사와 같은 것입니다.

마음에 상처받았을 때 인내심을 발휘하십시오. 불평불만이 가득한 사람과 대화할 때 마지막까지 인내하며 그의 말에 귀 기울여 주십시오. 당신이 그런 사람에게 인내심을 보여 준다면 언젠가는 그것이 당신에게 큰 도움으로 돌아오게 됩니다. 저는 인내가 모든 것을 이루어 준다고 확신합니다.

제가 정말 좋아하고 매일 친구들에게 이야기하는 격언은 "인내심에게 일을 완전히 맡기라(Let Patience have her perfect work.)"는 말입니다. 너무 자주 이야기하니까 제가 이 말을 꺼내면 친구들이 웃기까지 합니다. 저는 그 웃음의 의미를 알기 때문에 또 웃습니다. 그들이 저의 이 말을 너무 많이 들어서 지치기까지 하는 것을 알지만, 너무나 큰 의미가 있는 말이기 때문에 계속할 수밖에 없습니다. 분노나 조급함, 서두름에 대한 경고로 인내심을 이야기합니다. 제가 화내거나 조급해하거나 서두르는 모습을 본 사람이 거의 없다고 할 정도로 저는 자제력을 갖고 있습니다. 아마 제가 누구를 비난하는 것을 보신 분도 없을 겁니다. 관용과 친절함이 저의 장점이라고 말하는 분들께 말씀드리고 싶습니다. 그 모든 것은 인내심에서 나온 것임을요.

저도 늘 평정심으로 사는 것은 아닙니다. 제 속에는 남모를 예민함이 있고, 공격받았을 때 누구보다 고통을 느꼈으며 세월이 아무리 흘러도 사라지지 않는 그런 고통도 가지고 있습니다. 그러나 인내심이 평정심을 유지하도록 저를 지켜 줍니다.

제가 필라델피아에서 목사로서 일을 시작할 때 지역 목사님들의 수많은 반발에 맞닥뜨려야 했고 비난의 화살을 견뎌야 했습니다. 목사님들의 모임은 저를 반대하고 꺼리는 것이 역력했고, 제가 나타났을 때 모두 냉담하게 인사말 한번 먼저 건네는 사람이 없었습니다. 반대에 부딪히는 일은 고통스러웠고 오해받고 있을 때 순간적인 침울함이 저를 지배하기도 했습니다. 그러나 저는 알고 있었지요. 제가 이미 거둔 작은 성공에 대한 강한 질투심 때문이라는 것을요. 인내심으로 그들의 비난하는 마음이 가라앉기를 기다렸습니다.

저는 완전히 새롭고 크고 아름답고 즐겁고 강한 교회를

만들고 싶었습니다. 음악이 넘치고 기쁨이 가득하게 하고 싶었지만, 그 때문에 또 비난받았습니다. 독창성은 오히려 문제가 되었습니다. 어떤 상징물을 선택하는 것은 탐탁하지 않게 여겨졌습니다. 흰 비둘기, 백합 줄기, 부드럽게 흘러내리는 물줄기, 장미꽃 등 제가 선택한 상징들은 인기를 끌었지만 전통적인 것에 익숙한 분들은 제가 교회를 서커스장처럼 만들려 한다고 비난했습니다. 그 모든 화살을 묵묵히 참아가면서 교회를 건설하는 데 무려 10년이 걸렸습니다. 저는 그 10년 동안 목사님들 모임에 참석할 수조차 없었습니다. 10년은 결코 짧지 않은 기간이었지만, 저의 인내심은 흔들리지 않았습니다. 그러나 이제 모든 것은 바뀌었습니다. 그렇게 비난을 퍼붓던 목사님들은 저를 볼 때마다 너무나 반갑게 맞아 주시며 사랑해 주십니다. 저 또한 그 목사님들을 사랑합니다. 그들과 저는 이제 즐겁게 교회를 이끌어 가며 서로 돕고 있습니다. 그 모든 것은 참고 견디며 목표를 향해 나아가는 인내심 덕분이었습니다. 그런 인내심의 시간이 없었다면 오늘 같은 날도 없었겠지요. 저는 전국 곳곳, 시골 회관의 낡고 작은 의자나 도시의 멋진 장소나 어떤 곳이든 상관없이 행복하게 철학과 용기를 전하고 있습니다.
이 모든 시간은 인내심의 결과입니다.

저는 늘 말합니다.
'신과 사람들은 저를 참을성 있게 기다려 주셨다'라고요.
교회가 성공한 것도 사람들의 헌신 덕분이고, 템플 대학이
성공한 것은 교수와 학생들의 충정이 있었기 때문입니다.
결국 모든 분의 인내심 덕분입니다.

신념을 갖고 그 일이 끝날 때까지
그것만 생각하라

필라델피아 작은 교회에서 목사 일을 시작할 때 오르간이 필요했습니다. 어디서든 음악이 있어야 한다는 것이 저의 소신입니다. 오르간을 사기 위해 1천 달러의 빚을 지게 되었지요. 그것은 제 개인 명의의 빚이었습니다. 빚을 갚아야 하는 날은 다가오고 돈은 없었습니다. 빚을 갚지 못하면 저의 신용도 떨어지지만 교회의 명예도 추락하지요. 여러 군데 도움을 요청해 보아도 방법이 생기지 않았습니다. 교회의 사람들이 오르간 구입을 미루라고 했지만, 제가 강력히 추진한 이유는 교회에는 오르간이 꼭 있어야 한다는 생각 때문에 다른 이들의 충고를 무시하고 구입을 강행했던 것입니다.

그 교회 일을 시작할 때쯤이라 교회 사람들과 쌓인 친분도 없어서 도움을 청하기도 곤란했습니다. 저는 친구들에게 부탁했지만 불가능했고 기도를 계속했습니다. 마침내 빚을 갚아야 하는 날, 정확히 1천 달러라고 기재된 수표가 우편으로 왔습니다. 그런데 제가 전혀 모르는 사람이었어요. 서부 쪽의 주소였고 아무리 생각해도 알지 못하는 남자의 이름이었습니다. 알고 보니 그의 여동생이 우리 교회에 다니고 있었고 그녀는 제가 하는 일을 오빠에게 편지로 이야기했지만, 오르간값이 필요하다는 사실은 쓴 적이 없다고 했습니다. 당연한 게 그녀는 제가 오르간 구입비를 빚지고 있다는 사실도 몰랐고, 그걸 갚기 위해 애쓰고 있다는 건 더더욱 몰랐으니까요. 그저 순수하게 저의 열정 넘치게 일하는 자세에 감동한 그녀의 오빠가 기부금으로 1천 달러를 보내온 것입니다. 마치 오르간값을 정확히 알고 있었던 사람처럼 말이지요. 이렇게 작은 기적은 언제나 일어날 수 있습니다.

더 이야기해 볼까요. 이번에는 1만 달러에 얽힌 사연입니다. 지불 날짜가 다가오고 방법이 없어서 고심할 때입니다. 템플대학 건축 비용을 지불해야 하는 일이었습니다. 대학 건축에 드는 비용은 생각보다 점점 커졌고 돈을 미리 준비해 놓고 공사를 진행하는 것은 불가능했습니다. 예산보다 더 드는 금액을 부자도 아닌 교회 사람들에게 도움받을 생각도 할 수가 없었지요. 교회 사람들은 이미 적은 수입에서 많은 부분을 대학과 교회에 기부한 상황이었고요. 어디 도움을 청할 데도 없었고, 자선 단체 쪽에도 큰돈을 기부하는 사람들은 자신의 이름이 세상에 크게 알려지는 곳에만 기부할 뿐이지 저희처럼 작은 교회에 그렇게 큰 금액을 기부할 리가 없었습니다. 그런데 역시 기적적인 일이 있었습니다. 필라델피아 최고의 부자이자 자선사업가로 전 세계에서 존경받는 한 분이 이름이 알려지지도 않는 이 일에 3천5백 달러를 기부해 주시더군요. 제 평생 부자의 도움을 받은 것은 이때 한 번뿐입니다. 어쨌든 1만 달러 중에 3천 5백 달러는 해결이 되었지만, 나머지 돈은 어떻게 할 방법이 없었습니다. 그러나 저는 가능할 것이라는 믿음이 가득했고 기도를 계속했지요.

혼들림 없는 신념은 큰 산도 움직이지요. 그렇지만 큰 산이 저절로 움직이리라고 기대하면서 가만히 있으면 안 됩니다. 큰 산이 움직이도록 가서 옮기는 노력을 해야 합니다. 아무리 노력해도 꿈쩍도 안 하는 일이 그때의 순간이었습니다. 때때로 용감하고 성실하게 도전해도 산이 너무나 위협적으로 다가올 때가 있습니다. 그때가 그랬습니다. 1만 달러의 빚은 저에게 아무리 노력해도 옮길 수 없는 전혀 꿈쩍도 안 하는 산이었습니다. 열심히 일하면서 기도했습니다. 그러나 무언가 잘못되었다는 생각이 들기도 했습니다. 더욱이 빚을 갚아야 할 날이 바로 크리스마스였습니다. 크리스마스라는 사실 자체가 우울함을 더해 줄 뿐이었습니다. 점점 더 침통해질 수밖에 없었지요. 그런데 너무 신기하게도 기쁜 소식은 갑작스럽게 왔습니다. 초인종 소리에 문을 여니 우편배달부가 봉투를 들고 서 있었습니다. 그걸 받아서 열어 보니 1만 달러짜리 수표가 들어 있는 것입니다. 크리스마스에 기적 같은 행운의 선물이 도착한 것이지요.

수표는 제가 하는 일을 관심 있게 지켜보던 어떤 분이 보내 주신 것이지요. 그분도 제가 어려움을 겪고 있다는 정도만 추측했던 것이지 당장 1만 달러의 돈이 필요한 내용은 전혀 모르고 있었습니다. 그게 오래전의 일이지만 그때도 저는 감사하다는 답만 했을 뿐 1만 달러가 당장 필요한 상황이었다는 사연은 말하지 않았습니다. 그분은 그때의 제 상황을 최근에야 들었던 것으로 압니다. 저는 격언을 좋아합니다. 특히 '언젠가는 모든 것이 잘될 것이다'라는 말을 좋아합니다. 그런 기적들은 제 삶이 앞으로 나아가도록 용기를 주었습니다. 저는 그런 기적의 힘을 믿고 매달리며 항상 최선을 다해 살아왔습니다.

신념만 지키고 흔들림 없이 나아가기만 하면 되는 것은 아닙니다. 그 밑바닥은 작고 작은 성실함으로 가득 채워져야 합니다. 큰일을 할 때의 신념은 성실함을 바탕으로 해야 의미 있는 것입니다. 성실함을 유지하기 위해서는 무수히 많은 세부 사항도 꼼꼼히 기억해야 합니다. 아무리 사소하고 작아 보이는 사항들도 큰 신념만큼이나 소중하게 생각해야 합니다.

제가 저의 비서와 함께 어떤 분의 장례 소식을 듣게 되었을 때 저는 비서가 그분의 주소를 알기 위해 전화번호부를 뒤지기 전에 먼저 어느 페이지쯤에서 그것을 찾을 수 있는지 말해 줍니다. 그 모습을 본 지인이 놀라기도 하셨지요. 그것은 늘 꼼꼼하게 모든 세부 사항을 놓치지 않고 관심을 가지는 성실한 습관 때문입니다.

저의 일과를 말씀드려 볼까요. 외부 강연이 없는 일요일에 저는 7시에 일어납니다. 8시 45분까지 공부합니다. 아침 식사 후 다시 9시 45분까지 공부합니다. 그리고 오르간을 연주하고 교회의 모임을 인도합니다. 10시 30분부터 교회에서 설교하고 수많은 사람과 악수합니다. 1시에 점심을 먹고 15분간 휴식을 취한 후 책을 읽습니다. 3시에 또 모임에서 설교합니다. 교회학교의 정규 모임도 참석합니다. 집에 돌아와 저녁 식사 전까지 공부하고 책을 읽습니다. 오후 7시 30분에 저녁 예배에서 설교하고 또 수많은 사람과 악수로 인사를 나누지요. 그 이후 시간에는 개인 면담을 합니다. 밤

10시 30분쯤 집에 돌아옵니다. 쉴 틈 없이 일하는 걸 중요하게 여긴다기보다는 제가 할 일을 성실하게 최대한 많이 하는 것을 말하고자 합니다. 저를 개인적으로 만나서 대화하는 사람들은 제가 이렇게 바쁜 사람인지, 하루 시간을 이렇게 쪼개어 쓰고 있는지 모릅니다. 상대방이 자신과 대화하는 것 외에는 제가 아무 할 일이 없다고 생각하게끔 만듭니다. 그와의 대화가 그 순간 저에게는 가장 중요한 것이며, 상대도 그렇게 느끼게 해야 하니까요.

어느 날 저녁에는 200마일을 여행하고 6시에 집에 돌아와 저녁 식사와 약간의 휴식 후 모임에 참석했습니다. 그 모임 후에 대학 학년을 마무리하는 두 만찬 자리에 참석해서 연설했습니다. 이렇게 바쁘게 다양한 일을 할 수 있는 비결은 성실함과 함께 '무엇이든 그 일이 끝날 때까지 다른 생각은 하지 않는다'는 것입니다. 성실하고 집중하며 신념을 갖고 밀어붙이는 것이 다 같이 되어야 합니다.

진실하게 말하는 사람은
성공하게 되어 있다

"콘웰 님의 연설에 왜 그렇게 많은 사람이 감동을 받는다고 생각하십니까?"라는 질문을 자주 받습니다. 그럴 때의 제 첫 번째 답은 "또렷하게 말하십시오"입니다.

당신은 어떻게 생각하십니까? 목소리가 중요할까요? 아니면 적절하게 재미있는 유머를 넣는 것이 중요할까요? 제가 주장하는 연설법의 핵심은 '명료함'입니다. 사람들에게 신념을 주고 파워 넘치는 말을 전하기 위해서는 무엇보다도 명료하게 말하는 것이 중요합니다. 꼭 큰 목소리여야 하는 것은 아닙니다. 커다란 강연장에 설 때는 어느 구석 자리에서도 잘 들리도록 해야 하지만, 오히려 너무 큰 소리는 거부감이 느껴질 수도 있습니다. 웅변을 하듯이 하더라도 그냥 웅변이어서는 안 되고, 설교를 하더라도 그냥 설교여서는 안 됩니다. 우리가 들을 때 늘 부드럽고 기분 좋게 익숙한 소리가 좋습니다. 청중을 따뜻하게 감싸주며 또렷하게 들리는 소리라야 합니다.

두 번째로 중요한 것은 열정입니다. 열정은 다시 열정을 끌어옵니다. 저는 목표가 분명한 곳에 열정을 심어 주기 위해 노력해 왔습니다. 유머가 중요하다고 생각하시지요? 그러나 청중을 웃기기 위해 노력하는 것은 위험한 일입니다. 웃음에 빠진 청중을 다시 강연의 메시지로 집중시키기가 어려울 수 있습니다. 저도 연설 중에 재미있는 말을 하기도 합니다. 유머는 효과가 있습니다만 그것이 연설의 힘을 약하게 해서는 안 됩니다. 유머는 청중에게 생생한 감동을 주기 위한 장치로만 사용해야 합니다. 유머를 통해 청중의 가슴 깊숙이 메시지가 파고들도록 해야 합니다. 크게 웃고 나서도 다시 순식간에 연설자의 말에 집중해서 귀를 기울이게 할 수 있어야 합니다.

세 번째로 중요한 것은 설득력입니다. 열정을 가지고 또렷이 말한다고 해서 다 설득될 리 없습니다. 듣는 사람이 감동도 받지 못하고 공감을 느끼지도 않는다면 무슨 소용 있겠습니까? 상대를 설득할 수 있는 가장 좋은 방법은 실제 사례를 들어 주는 것입니다. 저는 기차 안에서 어린 꼬마에게 들었던 이야기도 인용합니다. 어제, 지난달에, 몇 년 전에 마주쳤던 사람들에게서 들은 이야기, 캘리포니아, 런던, 파리, 뉴욕 등에서 보았던 풍경들이나 사람들……. 그런 수많은 작은 경험이 저에게는 좋은 연설을 위한 준비물이 됩니다. 자연스럽게 청중들의 설득을 끌어내는 도구가 됩니다. 모든 인생 경험을 기억의 저장소에 넣어두었다가 그때그때 상황에 맞는 사례들을 찾아 꺼내 씁니다.

저는 한 가지를 주의합니다. 독서의 경험은 제 인생에서 매우 중요한 것이지만, 연설할 때 책에서 본 삽화 같은 내용을 언급하는 일은 하지 않습니다. 직접 보고 들은 내용, 즉 팩트를 정확히 이야기합니다. 앞에서 제가 재봉틀 이야기를 했었지요. 미국 사람들은 대부분 재봉틀을 발명한 사람을 '앨리아스 호'라고 알고 있습니다. 저는 남북전쟁 당시 앨리아스 호와 함께 근무하며 그가 여러 번 이야기하는 것을 들었습니다.

"14년 동안이나 재봉틀을 연구했지만 실패했는데, 제 아내가 2시간 만에 성공했습니다"라는 말을요. 이런 이야기에 많은 사람이 흥미를 느낍니다. 그리고 그것이 진실임을 의심 없이 받아들일 수 있습니다. 확실한 저의 경험이며 추억이니까요. 이렇게 직접적인 제 경험에서 나온 진실한 이야기가 흥미를 끌어낼 수 있습니다. 실제 경험한 이야기가 아니라면, 예를 들어 어디에서 금광이 발견되었던 내용을 말할 때도 그때가 몇 년도인지, 어느 지역 어느 마을이었는지 정확히 이야기합니다.

멋진 연설을 위해 네 번째 조건이 필요합니다. 그것은 '진실'입니다. 강단에서나 사적인 대화에서나 마찬가지입니다. 사람들은 누구나 말을 할 수 있지만 말을 함부로 사용할 권리가 없습니다. 실제 사례를 들라고 말씀드렸는데 이때 반드시 기억해야 할 것이 있습니다. 절대 거짓으로 꾸며내서는 안 된다는 것입니다. 이것은 연설할 때나 개인적인 대화를 할 때나 필수인 원칙입니다. 상대에게 진정한 감동을 주기 위해서는 솔직해야 합니다. 단어도 신중하게 선택하고 내용도 진실해야 합니다.

마지막으로, 저는 강연을 할 때 다시는 제 강연을 들을 기회가 없는 사람이 그곳에 있다고 생각합니다. 그러니까 그에게 이야기할 수 있는 마지막 자리라고 생각하는 것입니다. 그래서 절실하게 최대한 강연의 힘을 발휘하려고 합니다. 이 기회를 놓쳐서는 안 된다는 마음입니다. 또한 저는 여러분이 강연을 듣는다고 생각하지 않고 친구의 말을 듣는다고 생각될 정도로 단순한 내용으로 강연하고자 노력합니다.

저는 제스처를 보통 단순하게 합니다. 가끔 들으시는 분들이 제가 강조하기 위해 손바닥을 다른 주먹으로 치는 제스처를 한다고 하시지만, 저는 강연이 끝나면 제가 어떤 제스처를 취했는지 잘 기억하지는 못합니다. 온 마음과 온 힘을 모아 강연에 집중하다 보니 그렇습니다.

이 중에서 가장 중요한 것은 무엇일까요? 상대를 설득하고 제 생각을 전하기 위해서 가장 중요한 것은 진실입니다. 상대가 누구든 진실만을 말하십시오. 때로는 부끄럽더라도 때로는 부족하더라도 진실만을 말하는 사람은 반드시 성공하게 되어 있습니다.

위대한 사람을 찾아가서
만나고 본받으라

우리는 흔히 이런 질문을 받기도 하고 하기도 합니다.

"당신이 가장 존경하는 사람은 누구입니까?"라는 질문을 요. 이런 질문을 받으면 사람들 대부분은 자기 인생에서 어떤 계기가 되어 준 사람을 떠올릴 것입니다. 누구나 한 분쯤 그런 사람이 있기 마련이지요.

"그런데 당신은 그 존경하는 분처럼 되기 위해서 무엇을 하셨습니까?"

이렇게 질문하면 사람들은 대개 머뭇거립니다. 자신 있게 대답하는 사람은 별로 없었습니다. 어릴 적부터 위인전을 읽고 위대한 사람을 본받아야겠다고 생각하고 교육받아 왔지만, 그것을 실천하는 사람은 거의 없습니다.

지금 당신의 마음속에는 어떤 훌륭한 사람이 있습니까? 생각해 보십시오. 저의 마음속에는 링컨이 있습니다. 제가 링컨을 처음 뵌 것은 그가 대통령이 되기 전, 뉴욕의 쿠퍼 유니온*에서 연설하던 때였습니다. 그땐 대부분 링컨이라는 이름마저도 잘 모르던 시절이었습니다. 그러나 이미 그에 대해 알고 있던 저는 그가 연설한다는 소식을 듣고 연설장으로 급하게 갔습니다.

링컨은 밑단의 길이가 서로 다른 바지를 입고 행색은 너무나 초라했습니다. 그분께는 정말 실례되는 말이지만, 참 못생겼다는 생각이 들지 않을 수가 없었습니다. 연설은 어땠을까요? 대단히 감동적이었을까요? 처음에는 정말 들을 수 없을 정도로 형편없었습니다. 당황해하고 긴장하는 표정으로 겨우 연설을 이어가고 있었습니다. 그 모습을 보고 있던 진행자가 링컨에게 물을 한 잔 갖다주더군요. 저 또한 연단에 올라가 그를 도와주고 싶다는 생각밖에 들지 않을 정도로 걱정이 되었습니다. 그런데 말입니다. 연설이 계속될수록 그가 다른 사람처럼 변해 가기 시작했습니다. 평상심을 찾는 데 오래 걸렸던 것이지요. 점점 자신감이 붙자 그는 준비한 원고를 덮어 버리더니 더 힘차게 말을 이어 갔습니다.

그의 연설에는 힘이 있었습니다. 자신감이 넘치기 시작하니 타고난 연설가의 참모습이 드러나는 것이었습니다. 제 인생에서 그날 그의 연설을 듣던 그 순간은 가장 충격적인 경험이 되었습니다.

제가 두 번째로 링컨을 만난 것은 연설장 같은 장소가 아니라, 그의 대통령 집무실에서 단둘이 시간을 갖게 된 것이었습니다. 제가 군에서 복무하던 시절 부하직원의 안타까운 사연을 전하기 위해 그를 찾아간 것입니다. 당시에 군법이 엄격해서 제 부하 중 한 명이 복무 중에 졸았다는 이유로 사형선고를 받게 되는 끔찍한 일이 있었습니다. 저는 부하의 목숨을 구해야 했고 고심 끝에 대통령께 면담을 신청했습니다. 당시 기껏해야 소령 진급을 눈앞에 두고 있을 정도의 낮은 신분인 제가 대통령, 그것도 제가 가장 존경하는 분을 만난다는 사실에 가슴 떨리고 긴장되었습니다.

그의 방에 들어갔을 때 책상 앞에 앉아 있던 링컨은 업무를 계속 보고 있었습니다. 그가 고개를 들자, 얼굴에는 평온한 미소가 있었습니다. 저에게 왜 면담 신청을 했는지 물으시더군요. 마치 아버지처럼 다정한 음성이라 저는 긴장이 다소 풀렸습니다. 링컨은 저의 면담 신청 사유를 미리 보고받았을 것임이 분명하지만 진지하게 저의 이야기를 처음부터 끝까지 다 들어 주었습니다. 제 설명이 끝나자 그는 "괜찮을 겁니다"라고 말했습니다. 그러나 저는 여전히 긴장과 두려움에 떨고 있었습니다. 그때 "시간 다 됐습니다"라는 비서의 말이 바깥에서 들려왔습니다. 저는 그가 수많은 문제를 마주하고 있고 고작 사병인 군인 한 명의 문제를 금방 잊지는 않을까 걱정이 되었습니다. 필사적인 심정으로 링컨의 판단을 확인하고 싶었습니다. 저의 심정을 눈치챈 듯 링컨이 다시 말을 이었습니다.

"모든 게 잘될 겁니다. 당장 그 병사의 어머니에게 전보를 치십시오. 링컨이라는 사람이 아직 스무 살도 채 안 된 청년을 사형시키라는 문서에 사인하는 일은 절대 없을 거라고요."

제가 링컨과 만나고 대화를 나눈 이 한 번의 시간이 저에게는 영원히 잊히지 않는 순간이 되었습니다. 그의 다정함, 차분함, 정확한 판단력과 전달 방법 등 그가 저에게 보여준 모든 것을 닮기 위해 저는 평생 그 모습을 생생히 기억하며 살아왔습니다.

링컨 대통령과의 세 번째 만남은 이별의 시간이었습니다. 그 만남에서 저는 숨을 거둔 그의 관 옆에서 서너 시간을 보냈습니다. 수많은 추모객이 눈물을 흘리며 존경하는 위대한 인물과 이별해야 했습니다. 나는 말없이 관 속에 누워 있는 거인의 업적을 생각하며 그를 보내야 했습니다.

그렇게 딱 세 번을 만났지만, 그를 통해 많은 교훈을 얻었습니다. 그의 삶을 본받고 싶었기에 노력했습니다. 위대한 인물을 만난다는 것은 한 사람의 성장 방향을 정해 줍니다. 저는 링컨을 생각하며 그가 추구했던 정신을 조금이라도 실천하기 위해 온 생을 살아왔습니다. 이런 면에서 저는 당신이 위대한 인물을 만나고 이야기 나눌 기회를 스스로 찾았으면 좋겠습니다. 그리고 그 위대함을 본받기 위해 큰 꿈을 가지고 그 인물처럼 살기 위해 실천하기를 바랍니다.

*〈쿠퍼 유니온 연설〉

노예해방 주의자였던 사업가, 미국 최초로 증기기관을 만들었던 피터 쿠퍼가 전 재산을 바쳐서 전액 장학금으로 운영되도록 설립한 대학이 쿠퍼 유니온이다.

19세기에 미국에서 대학 교육을 받는 것은 여성에게는 상상하기 힘든 일이었는데, 피터 쿠퍼는 교육은 성별이나 종교, 인종과 상관없이 누구에게나 기회가 주어져야 한다고 믿었기에 그런 생각을 펼치기 위해서 직접 대학을 설립한 것이다. 쿠퍼 유니온 대학이 개교한 직후인 1860년 2월 27일 쿠퍼 유니온 대강당에서 링컨은 노예제도를 반대하는 연설을 했고, 이 연설은 이후 링컨을 강력한 대통령 후보로 만들었다. 이는 '쿠퍼 유니온 연설'이라 불리며 오늘날까지 그 감동적인 내용이 전해 온다. 연설에서 링컨은 노예제도가 서부 지역으로 확대되지 않아야 한다며 노예제도에 대한 자신의 견해를 피력했다. 링컨의 쿠퍼 유니온 연설은 7,000단어 이상으로 그의 연설 중 가장 긴 연설이었다.

Let us have faith. That right makes might.

And in that faith, let us, to the end, dare to do our duty. As we understand it.

우리 믿음을 가집시다. 정의가 힘을 만든다는.

그리고 그 믿음 안에서, 우리, 마지막 순간까지,

용기 내어 우리의 의무를 다합시다. 우리가 이해하는 바와 같이.

_에이브러햄 링컨/쿠퍼 유니온 연설 중에서

시작은 초라하더라도
원대한 목표를 향해 나아가라

일단 시작을 하시라는 말에 동의하셨습니까? 작고 초라한 시작을 할지라도 이왕이면 꿈이라는 방을 아주 크게 만들면 좋겠습니다. 더 많은 사람이 와서 쉴 수 있으니까요. 저는 강단에 서면 항상 말합니다.

"원대한 꿈을 가져라!"라고 말이지요. 지금 템플 침례교회는 건물 가치만 해도 어마어마한 금액이지요. 물론 교회에 빚은 전혀 없습니다. 만약 우리가 작은 교회를 지으려고 했다면, 어쩌면 지금까지도 빚을 다 못 갚았을 수도 있습니다.

그 교회를 지을 때 저는 또 하나의 원대한 꿈을 가졌습니다. 그 꿈을 위해 건물 2층 부분의 골조가 완성되었을 때 특별한 문을 만들었지요. 문을 열면 출구만 있고 연결된 방이 없이 허공만 보이는, 그냥 커다란 구멍 같은 것이었습니다. 그 출구를 통해 보이는 것은 드넓은 땅이 펼쳐진 모습이었지요. 사람들은 저에게 허공을 향해 뚫린 문이 왜 있는지 물었지요. 저는 웃으며 농담을 했습니다. 이 문은 재난 대피용으로 훌륭하지 않겠는가 하는 식이었습니다. 사람들은 비상구일 거라고 짐작했습니다. 제 마음속 원대한 계획에 대해서는 처음에 누구에게도 말하지 않았습니다.

저는 언젠가 그 교회 옆에 대학을 세우겠다는 커다란 꿈을 가지고 있었습니다. 물론 지금의 멋진 템플대학이 처음 세워졌을 때는 대학이라고 말하기도 어색했었지요. 그렇지만 저는 당당히 대학이라고 이름을 붙였습니다. 저는 원대한 꿈을 꾸고 있었습니다. 수천 명의 대학생들이 공부하는 크고 훌륭한 대학을 그 이상한 출입문 너머에 마음속으로 세웠습니다. 결국에는 그 템플교회의 구멍만 뚫린 문을 열면 보이는 드넓은 땅, 그곳에 템플대학이 세워졌고, 제가 꿈꾸던 대로 그 문은 이제 템플대학을 향하고 있습니다.

평생 저는 친구들에게 성공하라고 말하며, 성공하는 방법을 이야기합니다. 작은 성공이나 커다란 성공이나 모든 것이 어렵기는 마찬가지입니다. 저는 생각합니다. 어쩌면 작은 성공이 큰 성공을 이루는 것보다 더 어려운 것 같다고요. 그런데 사람들은 작은 성공을 이루고 나면 거기에 만족해서 살아갑니다. 어렵게 작은 성공을 이루어 놓고 나서, 더 쉽고 더 큰 보상이 주어지는 큰 성공은 아예 꿈도 꾸지 않지요.

생각해 보십시오. 방이 크다면, 더 많은 사람을 초대해서 편히 쉬게 할 수 있습니다. 힘든 사람들을 더 많이 불러 모아 휴식을 선물할 수 있습니다. 꿈은 원대하게 꾸고, 그 원대한 꿈을 이루기 위해 노력하십시오. 작은 성공에 만족하지 말고 더욱더 큰 성공을 꿈꾸십시오. 원대한 생각과 꿈은 더욱 크고 멋진 성공의 결실을 가져옵니다.

이 말씀을 드리는 1915년 현재, 템플대학은 졸업생 8만 8천 821명을 배출하며 거대한 종합대학으로서의 면모를 갖추게 되었습니다. 그렇다면 처음부터 이런 종합대학으로 시작했을까요? 당신이 지금 매우 초라하고 내세울 것 하나 없이 뭔가를 시작하고 있다면 이 말씀을 잘 들으십시오.

오래전 어느 날 저녁에 어떤 청년이 저를 찾아왔습니다. 난감한 표정으로 곤란한 상황을 설명하기 위해 쩔쩔매고 있었습니다.

"선생님, 저는 돈이 전혀 없습니다. 돈을 벌 방법도 없는데 어머니도 부양해야 할 처지입니다. 이렇게 힘든 상황이지만 저는 꼭 목사가 되고 싶고, 그것이 제 평생 유일한 꿈입니다. 도대체 어떻게 하면 제 꿈을 이룰 수 있을지 여쭙고 싶어서 왔습니다."

저는 이렇게 대답했습니다.
"자네의 꿈이 확실하고 결심이 섰다면 야간학교라도 다녀보게. 그렇게 하면 언젠가 꿈을 이룰 수 있을 걸세."
"그런 생각을 해 보기도 했지만, 그 방법도 찾기가 어렵습니다. 저는 시간을 아끼고 아껴가며 공부하고 싶습니다."

저는 그 청년에게서 강렬한 열망과 확고한 의지를 보았습니다. 그는 구체적이고 확실한 방법을 찾고 있었습니다. 그래서 저는 그를 직접 가르치기로 했습니다.

"그렇다면 일주일에 한 번씩 나에게 오게. 라틴어부터 내가 직접 가르치겠네. 그렇게 하면 일단 적어도 시작은 할 수 있을 걸세. 시작이 중요하니까."

그러면서 수업할 날을 정해 주었고 청년은 밝은 얼굴로 그날 꼭 뵙겠다고 말하며 갔습니다. 그런데 그는 바로 돌아가지 않고 잠시 후 다시 와서 물었습니다.

"제가 수업 날 친구를 데려와도 괜찮겠습니까?"

물론 저는 얼마든지 친구들을 데려와도 좋다고 말했지요. 수업 날 그는 친구 여섯 명과 함께 왔습니다.

첫 수업에서 저는 그 청년들에게 라틴어 기초를 가르쳤습니다. 그것이 놀랍게도 템플대학의 시작이 되었습니다. 셋째 날이 되자 학생 수가 40명으로 늘었습니다. 저 혼자 가르치기에는 버거운 숫자였습니다. 도와줄 선생을 구해야 했습니다. 방 한 칸에서 하던 수업이었지만 곧 집 하나를 전부 빌려야 했습니다. 그러다가 학생들이 급격히 늘어나 집 한 채를 더 빌렸습니다. 그렇게 템플교회 앞의 도로변 집들을 거의 다 빌려야 할 상황이 되었습니다. 그렇게 한 채 한 채씩 빌린 집들이 거대한 종합대학으로 변해 갔습니다.

겉이 번지르르한 종합대학이 우리의 목표가 아니었습니다. 정상적으로 교육을 받을 수 없는 청년들에게 더 많이 소중한 교육의 기회를 주는 것이 목표였습니다. 그 목표를 위해 아주 작은 시작이 원대한 꿈을 향해 차곡차곡 기반을 다져 가고 있었던 것입니다. 1884년 어느 저녁에 제 작은 서재 방에서 학생 7명으로 시작했던 템플대학이 이렇게 거대한 종합대학으로 발전한 것입니다. 방을 빌려 수업하다가 집들을 빌려 수업하던 시절에도 제 머릿속에는 학생 수천 명을 가르칠 수 있는 멋진 대학 건물이 그려져 있었습니다. 시간이 지나면서 꿈은 현실이 되었고 템플교회 2층에 구멍만 뚫려 있던 문은 실제로 템플대학교로 가는 문이 되었습니다. 이런 큰 결실은 자원봉사자 선생님들의 헌신적인 노력이 있었기에 가능했습니다. 펜실베이니아 대학의 교수들, 공

립학교 교사들, 여러 지역 기관의 자원봉사자들이 나서서
보수 한 푼 없이 학생들을 가르친 덕분입니다. 그들의 헌신
적인 노력을 오래오래 기억할 것입니다.

설립 3년째이던 1887년 발행한 대학 설명서에는 설립 의
도가 잘 표현되어 있습니다.

'학업에 종사하는 동안 자신의 직업을 계속해야 하는 사
람들에게 가장 적합한 교육을 제공할 것, 더 높고 유용한
학문 분야에 대해 매력을 느끼게 할 것, 노동하는 젊은 학
생들이 동료들에게 서로 도움이 되고자 하는 열망을 가지
게 할 것."

그렇습니다. 학업뿐만 아니라 더 높고 더 넓은 정신을 갖
추게 하고 싶었습니다. 법학, 신학, 의학, 약학, 치의학, 토목
공학, 가정, 예술, 과학 대학, 유치원 교육, 체육 등의 단과대
학뿐만 아니라 요리, 의상, 제분, 수공예, 원예 같은 기술 및
직업과정에서도 많은 학생이 공부하고 있습니다. 템플대학
교는 일하는 사람을 위한 학습기관이지, 그저 대학 졸업장

을 자랑하고 싶은 사람들을 위한 곳이 아닙니다. 이 대학은 50센트씩 낸 공장 노동자분들, 1달러씩 낸 경찰관님들, 그리고 필요한 많은 물품을 지원해 주신 분들의 고마운 마음이 모이기 시작하면서 지어졌습니다.

생각해 보십시오. 이런 마음과 이 대학이 추구하는 정신을 갖추고 사회에 나가면 삶이 얼마나 달라지겠습니까? 교육의 기회를 많은 분에게 드리고 싶어서 하인으로 일하는 분들까지 학교로 이끌었습니다. 그들이 자신의 형편 때문에 대학을 꿈도 못 꾸고 학업을 이어갈 수 없었다면 어떻게 되었을까요? 그날 밤 저를 찾아온 열정만 가득했던 가난한 한 학생이 시작이었습니다. 시작이 중요합니다.

어쩌면 시작은 더 오래전인지도 모릅니다. 제가 예일대를 다니던 시절은 고통의 나날이었습니다. 돈이 정말이지 한 푼도 없었고 돈을 벌기 위해 일하면서 매일이다시피 쓰라린 굴욕을 견뎠습니다. 그런 고통을 이겨 낸 비결이 있었습니다. 그것은 어려운 일이 생길 때마다 '쾌활하고 명랑하게'

인내심을 갖고 견디는 것이었습니다. 그때 저는 결심했습니다. 다른 사람들이 저처럼 고통받지 않고 대학에서 더 편하게 공부할 수 있도록 제가 할 수 있는 일은 무엇이든 하겠다고 말입니다.

또한 이렇게 일을 해 나가면서 저는 지금 사람들에게 절실히 필요한 것이 무엇인지 알게 되었습니다. 교육의 기회만큼 필요한 것이 병원이었습니다. 수많은 사람이 병을 앓고 있었지만 병원에서 치료받는 것은 생각조차 못 할 정도로 병원이 아예 없다시피 했습니다. 제때 치료만 받았어도 살 수 있었던 소중한 생명이 병원 문턱 한번 넘어가 보지 못하고 세상을 떠야 하는 상황을 무수히 지켜보며 병원을 짓기로 결심했습니다.

정말 말도 안 될 만큼 큰 꿈이라고 생각할 수 있습니다. 그러나 모든 위대한 일의 시작은 정말 보잘것없는 작은 시도입니다. 사람들 대부분은 제대로 시작하는 날을 기약 없이 기다리기 때문에 꿈을 이루기는커녕 시작조차 못 해 보고 끝나는 것입니다. 아무리 사소해 보일지라도 지금 당장, 곧바로 시작하는 결단이 있어야 합니다.

처음에는 방 두 칸을 빌렸습니다. 간호사 1명, 환자 1명이 거대한 종합병원의 시작이었습니다. 의사도 없는 정말 말도 안 되는 작은 시도가 지금 사마리탄 종합병원의 시작이었습니다. 건물 하나를 전부 빌려 병원을 개원하는 데는 1년도 걸리지 않았습니다. 뛰어난 의술을 가진 의사들도 들어오고 입원실도 수술실도 번듯이 갖추게 되었습니다. 이제는 여러 채의 건물과 최신식 의학 장비를 갖춘 종합병원으로 명성을 얻게 되었습니다. 이 병원의 수술 횟수는 미국의 다른 종합병원들보다 훨씬 많습니다. 게다가 가렛슨 종합병원까지 인수해서 이제 템플대학교 부속 종합병원이 두 곳입니다. 이 병원은 인종이나 종교, 신념과 관계없이 모든 환자에게 개방되어 있습니다. 병원비를 못 낼 형편의 환자라고 해서 입원을 거부하지 않습니다. 병원비를 지불할 수 없는 환자는 무료로 치료하며, 병원비를 지불할 수 있는 능력이 있는 환자는 그 능력에 맞게 내도록 하는 것이 규칙입니다.

사마리탄 병원도 가렛슨 병원도 모두 템플대학교 소속입니다. 늦은 밤 저를 찾아온 한 청년의 공부에 대한 열정을 시작으로 이렇게 엄청난 규모의 대학과 병원들이 세워졌습니다. 이런 대단한 결실은 정말 작은 시도로 시작했지만 흔들림 없이 원대한 목표를 향해 추진해 온 마음이 만들어낸 것입니다.

어떤 거대한 일이라도, 작은 일이라도 진행할 때는 불안감이 생기기도 하고 좌절하는 순간도 있기 마련이지요. 그럴 때마다 의심하고, 머뭇거리고, 포기한다면 아무 일도 이룰 수 없을 것입니다. 항상 크게 생각하십시오. 그래야 큰 성공도 거둘 수 있습니다. 저는 평생 성공하기 위해 살아야 하며, 반대로 삶의 작은 것들에 만족해야 하는 이유를 알 수 없다고 말해 왔습니다. 물론 작은 성공이 소중하지 않은 것이 아닙니다. 작은 성공을 거둔 것과 같은 노력이 올바른 방향을 향해 있고 계속 진행된다면 결국 큰 성공도 거둘 수 있으니까요. 그러니 더 큰 성공을 추구하고 밀고 나가셔야 합니다.

결정할 때는 신중해야 하고, 한번 결정한 일은 뒤도 돌아보지 말고 나아가십시오. 불안해지게 하는 어떤 유혹도 과감히 뿌리치십시오. 앞을 보고 나아가게 되면 반드시 성공의 길이 열립니다.

자신의 재능을 살려서 부자가 되라

작은 재능이 있다면 열정과 배움으로 그 재능을 크게 키워 잘살 수 있습니다. 저는 태어나면서부터 제비뽑기식으로 주어지는 신분에 만족하며 살라고 누구에게도 강요할 수 없다고 생각합니다. 저는 출세하고 싶고 성공하고 싶은 사람들을 격려하며, 신사와 귀족에 의해 수 세기 동안 묶여 있던 나라에서 잘난 척하는 사람의 말에 귀 기울이지 않습니다.

　몇 년 전에 한 젊은 여성이 저를 찾아온 적이 있습니다. 자신은 가난하고 일주일에 고작 3달러를 버는 처지라면서, 돈을 많이 벌어 부자가 되고 싶다고 했습니다.

　"선생님, 부자가 되는 방법을 꼭 가르쳐 주세요."

저는 그녀가 자신의 꿈에 대해 솔직하게 말하는 모습이 마음에 들었지만, 좀 미심쩍은 부분이 있었습니다. 그녀는 값비싸 보이는 멋진 모자를 쓰고 있었거든요. 일주일에 3달러 번다는 여성이 그렇게 고급스럽고 멋진 모자를 쓰고 다니는 것은 말이 안 되지요. 물론 성급하게 판단해서는 안 됩니다. 일주일에 3달러를 벌면서 고급 모자를 쓰는 것을 무조건 나쁘게 보는 것은 잘못이니까요. 그래서 좀 더 차분히 그녀의 상황에 대해서 이야기를 나누었습니다. 곧 저는 알게 되었지요. 그녀가 그렇게 멋있는 모자를 쓰고 있는 이유를 말입니다. 그 모자는 그녀가 직접 만들었다는 것입니다. 순간 모든 의심은 사라졌고, 그녀의 재능으로 그녀의 처지에서 훨씬 높은 곳을 올려 볼 수 있는 방법을 바로 찾을 수 있었습니다.

자신을 위해 그렇게 아름다운 모자를 만들 수 있는 사람은 다른 이에게 어울리는 멋진 모자를 만들 수 있을 테니까요.

"모자 사업을 해 보십시오"라고 말했더니 그녀는 깜짝 놀랐습니다.

"할 수만 있다면 얼마나 좋을까요? 그러나 제가 어떻게 그런 큰일을 할 수 있겠습니까? 저는 모자 만드는 것을 좋아할 뿐이지 사업을 위해 어떻게 해야 하는지 아무것도 모르는데요."

"템플대학에서 모자에 대한 강의를 듣고 좀 더 연구해 보십시오."

그녀는 모자 만드는 강좌가 대학에 있다는 것을 생각조차 못 해 보았다고 했습니다. 의복을 만드는 강의가 템플대학에 있고 모자는 의복의 일부이기에 당연히 강좌가 열리고 있었습니다. 비록 주급 3달러이지만, 현재의 직장을 그만두지 않고도 대학에 다닐 수 있다는 말에 그녀는 뛸 듯이 기뻐했습니다. 새롭고 더 넓은 삶을 보는 눈을 뜨게 된 것입니다. 그녀에게 새로운 시작이 펼쳐지는 순간이었지요. 저는 생업을 위해 일하는 사람들에게 그 일에 맞는 고등교육의 기회가 제공되어야 한다고 생각합니다. 더 큰 가능성을 위해서 말입니다.

그녀의 열정은 그녀가 만들어 썼던 모자처럼 대단했습니다. 그녀는 지칠 줄 모르고 열심히 해 나갔습니다. 패션의 도시, 뉴욕에 진출하기까지 했습니다. 그곳에서 그녀는 자신의 이름을 걸고 모자 가게를 열었습니다. 사업은 번창했고 그녀의 명성도 하루하루 퍼져 갔습니다. 고작 주급 3달러를 벌던 그녀가 지난해에는 3천 6백 달러의 순이익을 올렸다는 내용의 편지를 보내왔습니다. 끼니를 걱정하던 그녀는 모자 만드는 재능을 배움으로 한 차원 더 끌어올려서 불가능해 보였던 큰 꿈, 엄청난 사업가의 꿈을 이루었습니다.

또 하나의 사례를 들려 드리겠습니다. 농사를 짓는 한 젊은이가 저의 강연을 들으러 먼 길을 왔다 갔습니다. 그는 집으로 돌아가는 길에 저의 강연을 되새기며 자신은 무엇을 할 수 있을지를 생각했다고 합니다. 그러나 특별한 재능이 없던 그는 답이 떠오르지 않았지요. 그런데 살고 있는 동네에 도착했을 때 그 시골 마을에서 교사를 구한다는 이야기를 들었습니다. 자신은 실력은 없지만 아이들을 가르치고 싶은 마음은 충분했기에, 공부하면서 실력을 키우면 수업을 맡을 수 있을 것으로 생각했습니다. 제 강연에서 들은 대로 비록 약간의 재능이지만 배움을 통해 살려 내어 더 크게 성장할 수 있을 것이라 여겼던 것입니다. 그는 교사 자리에 지원했고 임시교사로 채용되었는데, 그때부터 정말 열심히 가르치고 공부했습니다. 학생들 한 명 한 명에게 최선을 다했는데 몇 달도 되지 않아 정식교사로 채용되었습니다. 그 젊은이는 그 후 어떻게 되었을까요? 지금은 거대한 템플대학에 존경받는 학장으로 계십니다.

또 한 분의 사례를 말씀드리겠습니다. 최근에 아주 유명한 분의 아내가 저를 찾아왔습니다. 제 강연을 듣고 달라진 자신의 삶을 이야기하기 위해 온 것이었습니다. 그녀의 남편은 유명하고 돈도 많이 벌지만, 씀씀이가 너무 헤프고 돈 개념이 없어서 가족은 남 보기와 달리 자주 곤경에 처하게 되었다고 했습니다. 그 가족은 교외에 작은 농장 하나를 갖고 있었는데 초라한 규모였다고 합니다. 그런데 자주 곤경에 처하던 상황에서 저의 '다이아몬드의 땅'이라는 주제에 대한 강연을 듣고 나서도 처음에는 "내 농장에는 다이아몬드가 없어……"라고 중얼거렸을 뿐이었답니다. 그렇지만 농장을 자세히 관찰하던 그녀는 맑은 샘물을 다시 보게 되었습니다. 그 농장을 사고 나서도 그 샘에 대해서 무관심했다고 합니다. 그러나 그 맑은 샘물을 보면서 저의 강연을 떠올렸습니다. 그래서 그 물의 성분을 분석 기관에 의뢰했더니 완벽한 생수로 판정받게 되었습니다. 그녀는 '특별한 샘물'이라는 브랜드를 붙여 생수 사업을 시작했습니다. 너무나 잘 팔렸고, 심지어 겨울에도 찾는 이가 많아서 꽁꽁 언 샘물의 얼음을 잘라 내어 팔기까지 했습니다. 그곳이 바로 '다이아몬드의 땅'이었던 것이지요.

저는 그렇게 흔히 보이는 샘물을 분석하는 관찰력도 재능이라고 생각합니다. 제 강연을 듣고 그런 아이디어를 떠올리는 것도 재능이지요. 자신의 재능을 덮어 두고, 꿈을 이루는 것은 너무 먼일이라고 생각하는 것처럼 어리석은 일은 없습니다.

경험보다 위대한 스승은 없다

경험은 정말 위대한 스승이 되어 줍니다. 제가 처음부터 강연을 잘하던, 타고난 언변을 가진 사람 같습니까? 제가 처음 연단에 섰을 때 어땠는지 말씀드리겠습니다. 저를 처음 연단에 세워 주신 고마운 분은 유명한 연설가이신 존 B. 고프 님이었습니다. 그는 탁월하게 절제력 있는 연설가로 핵심을 꿰뚫는 웅변이 유명했던 분이지요. 그는 열렬한 산골 출신의 청년에게서 결의와 가능성을 보았던 것이며, 저를 매사추세츠의 웨스트필드라는 곳으로 데려가서 연단에 세우며 청중에게 멋지게 소개하는 영광을 베풀어 주었습니다. 난생처음 연단에 서는 청년에게는 이루 말할 수 없는 명예였습니다. 비록 청중은 적었지만 저는 한마디도 할 수 없을 정도로 떨어서 제대로 연설하지 못했습니다. 그런

데도 그 자리에서 고프 님은 제가 연설을 잘했다면서 칭찬했고 꽃다발까지 안겨 주며 크게 박수해 주었습니다. 저는 부끄러웠지만 대중에게 강연하는 것이 두려운 일은 아니라는 사실을 알게 되었습니다. 고프 님 덕분에 용기를 얻은 것이었지요. 저는 고프 님의 조언을 잘 들으며 고쳐 나갔습니다. 어떤 주제라도 거절하지 않고 모든 강연 초청을 받아들이며 훈련했고 스스로를 연설가로 단련해 갔습니다. 소풍자리, 교회학교, 애국 모임, 장례식, 기념일, 개업식, 토론회, 가축 쇼, 뜨개질 모임까지 어떤 자리든 아무리 청중의 수가 적어도 관여치 않고 다 달려가서 연설하며 연습의 기회로 삼았습니다. 처음에는 강연료를 전혀 받지 못했지만, 많은 경험은 큰 수익이었습니다. 장교, 신문기자, 변호사, 편집자 등의 생업을 이어가며 엄청난 훈련과 더불어 강연을 계속해 나갔습니다. 그렇게 5년을 단련한 후 제가 강연료를 받는 연설가가 되면서 지금까지 50년 동안 강연료를 많이 받아왔습니다.

많은 사람이 지금까지 제가 강연한 횟수와 제 강연을 들은 청중의 수를 궁금해합니다. 기록을 남겨두지 않아서 알 수 없으나 조심스럽게 비서가 추산해 보니 1300만 명이 넘을 것이라는 결과가 나왔습니다. 다이아몬드의 땅이라는 주제의 강연을 매년 200회 이상 했습니다. 현재까지 이렇게 많은 청중을 모은 사람은 없다고 합니다. 그렇지만 청중의 수가 중요한 것은 아니지요. 제 강연 한 번에 모이는 사람의 수가 중요했다면, 저는 명성이 높은 강연자들이 한 번도 방문하지 않은 작은 마을을 매우 적은 비용을 받고 기꺼이 찾아가지 않았을 겁니다. 저는 좋은 자극이 더 필요한 곳은 작은 마을, 외진 곳, 피해를 입은 곳이라고 생각합니다. 험난한 도로, 시간을 맞추지 않는 기차, 가난한 동네의 작고 불결한 호텔, 너무 덥거나 너무 추운 강당, 절망적인 수준의 식사에 신경 쓰지 않으며 멀고 외진 작은 마을을 향해 나섭니다. 저는 기차를 타고 배를 타고 멀리 여행하며 늘 잦은 사고를 봤지만 큰 부상 없이 강연장에 갈 수 있었습니다. 제가 탄 기차가 다리를 건널 때 바로 뒤에서 다리가 무너지기도 했지요. 한번은 대서양에서 폐증기선을 타고 강연장을 찾아가다가 26일 동안 바다 위를 떠돌아다닐 수밖에 없었던 적도 있었습니다. 이렇게 저의 힘으로 어쩔 수 없는 경우를 제외하고는 꼭 시간에 맞춰 도착했습니다. 강연을 통해 청중에게 삶의 변화를 찾게 해 드리고 싶은 마음과 강연 수입으로 도움을 드릴 어려운 대학생들을 생각하면 그 어떤 고난도 기쁨이 되었습니다.

1915년 올해 여름의 강연 일정표 중 무작위로 며칠치만 한번 볼까요. 자, 6월 마지막 주를 보겠습니다. 6월24일 아이오와주 애클리, 25일 LA 워털루, 26일 LA 데코라, 27일 아이오와주 와우콘, 28일 미네소타 레드윙, 29일 위스콘신주 리버풀스, 30일 미네소타 노스필드……. 이렇습니다. 일흔이 넘은 나이는 중요하지 않습니다. 힘겨운 여행길, 연속되는 강연에 지치지 않습니다. 어려운 상황에 놓인 사람들에게 꼭 드려야 할 이야기, 강연료 수익을 보내 드려야 할 곳을 생각하면서 또다시 힘차게 길을 나섭니다. 이 모든 하루하루의 경험이 또 다른 내일의 성공을 만들어가는 여정이기도 합니다.

저는 '다이아몬드의 땅'이라는 주제로 매년 200회의 강연을 해오며, 이제는 한 번 강연할 때마다 평균 150달러의 강연료를 받는 강연자가 되었습니다. 5년간 단련의 시간도 있었지만, 저를 이렇게 유명하게 해 주었던 것에는 하나의 계기가 있었습니다. 남북전쟁에 참전했던 한 연대의 전우들이 모인 자리에서 처음 '다이아몬드의 땅'이라는 주제의 강연을 했던 것입니다. 그 강연 이후에 그 주제의 강연을 다시 하게 될 줄은 몰랐습니다. 여러 강연장에서 그 주제를 요청했을 때도, 이렇게 평생 거의 5천 번이나 하게 될 줄은 상상도 못 했지요. 저의 강연이 전국적으로 큰 인기를 얻었던 이유를 저도 잘 모르겠으나, 이런 생각은 듭니다. '저의 강연이 다른 사람에게 도움이 될 특별한 기회이므로, 매 순간 최선을 다하기 위해 노력한다'는 것입니다.

저는 한 번도 늘 하던 대로 강연을 하지 않았습니다. 강연 계획이 생기면 저는 제가 강연하러 갈 곳의 지역이나 청중들의 특성에 대해 미리 연구합니다. 그리고 강연할 주제를 강연할 지역과 청중들의 상황에 맞게 적용하는 방법을 찾습니다.

5년 동안 무급 강연자로서 단련한 경험과 장교, 신문기자, 변호사, 편집자, 목사로서의 경험 등이 오늘날 이렇게 5천 번의 강연을 이어오게 만든 바탕이었습니다. 모든 경험을 소중히 여기십시오. 그 경험 속에 시련도 환희도 기쁨도 슬픔도 있겠지만, 그 모든 것이 성공을 향해 가는 거름이 될 것입니다.

변화를 두려워하면 얻을 것이 없다

사람은 늘 한결같아야 합니다. 또 사람은 늘 변해야 합니다. 저는 목사 일을 하면서 항상 생각했습니다. 왜 교회는 항상 엄숙해야 하는지, 왜 교회는 경건함을 유지해야 하는지를 말입니다. 저는 오랜 관습을 깨고 즐겁고 신나는 교회를 만들고 싶었습니다. 기존의 교회와는 전혀 다른 모습의 새로운 교회를 만들고 싶었습니다. 교회만 해당되는 것이 아닙니다. 어떤 일을 하는 곳이든 마찬가지입니다. 그런데 어디서나 마찬가지로 변화는 항상 오해를 만들고 질투를 불러오지요. 많은 사람이 변화를 두려워하는 것은 바로 그런 오해와 질투 때문입니다. 그러나 변화가 없이 무슨 발전이 있겠습니까? 아무런 변화 없이 그대로 있는데 어떻게 앞으로 나아갈 수 있습니까?

우리는 기본적으로 늘 변해 왔습니다. 생각해 보십시오. 10년 전 자신의 모습을. 분명 지금과 똑같은 사람은 세상에 없습니다. 그렇게 조금씩 조금씩 누구나 변해 갑니다. 자신만은 변하지 않겠다고 마음먹어도 변하지 않을 수 없습니다. 세월에 따라 사람은 변해 가는 게 당연합니다. 변하지 않을 수 없다면 좀 더 좋은 모습으로 발전적인 방향으로 변해야 하지 않겠습니까? 스스로의 의지로 그렇게 변화해야 하지 않겠습니까?

변화한다는 것은 실행한다는 것, 즉 행동으로 옮긴다는 의미입니다. 변화와 실행은 다른 말이 아닙니다. 생각만 하고 있던 것을 행동으로 옮길 때 바로 변화하는 것입니다.

부활절 예배 때마다 저는 새로운 상징물을 들고 예배당에 들어섭니다. 파란 알과 비둘기를 들고 간 적도 있고 백합꽃을 가져간 적도 있지요. 그날 설교의 핵심이 되어 주는 상징물들입니다. 상상해 보십시오. 십자가가 세례대에 반사되어 반짝이고 세례대의 물이 흘러 내리고 장미꽃이 그 물위에 띄워져 있는 모습을요. 세례를 받은 사람들은 장미꽃을 선물 받습니다. 너무 아름다운 모습이지요? 세례받은 날을 기억하며 성경책 갈피로 끼워져 오래오래 소중히 간직될 장미꽃잎 말입니다. 정말 아름답고 새로운 교회의 모습, 제가 그려 온 모습입니다.

지금 수많은 사람이 저의 이런 새로운 방식의 강연과 설교를 듣기 위해 몰려옵니다. 누구나 언제나 새로운 것에 대한 기대와 열망이 있어야 합니다. 그런 것이 활력소가 되어 주며 과거와 다른 변화의 모습을 만들어 냅니다. 과거에서 벗어나십시오. 변화를 두려워하지 말고 매일 새로운 모습으로 꿈꾸어 오던 것을 실행에 옮기면서 새로운 모습으로 나아가십시오. 생각해 보십시오. 내일 또 오늘과 달라진 자신이 얼마나 멋있습니까? 늘 똑같은 걱정을 하고, 늘 똑같은 불평을 하고, 늘 똑같은 일을 하면서 무엇이 더 좋아지기를 바랍니까? 계속 변해야 합니다. 변화를 추구해야 합니다.

변화를 적극 수용하면서 또 변하지 않도록 지켜야 하는

것이 있습니다. 그것은 자연입니다. 자연이 변하지 않도록 지켜야 하는 것은 우리의 막중한 의무입니다. 힘겨울 때 자연은 큰 진리를 가르쳐줍니다. 저는 어린 시절을 보낸 고향에 대해 깊은 애정을 갖고 있습니다. 언덕을 휩쓸고 지나가는 바람을 사랑하고, 높은 곳에서 바라보는 탁 트인 전망과 작은 숲들에서 친밀감을 느낍니다. 시냇물을 바라보며 한적한 곳에 자리 잡고 앉아 보는 초원을 물들이는 야생화를 사랑합니다. 부드러운 흙의 촉감도 사랑하고 거대한 바위도 사랑합니다. 때때로 시를 쓰기도 하지요. 오랫동안 전해 오는 멜로디에 가사를 붙이고 오르간을 연주하지요. 혼자 가든 친구와 함께 가든 블랙베리를 따면서 앞으로 해야 할 일을 구상하고 연설 내용을 정리하는 기분 좋은 시간을 보냅니다. 낚시는 더 좋습니다. 낚시는 정말 좋은 여가 활동이 되고, 휴식을 취하며 생각하고 계획할 때 더 많은 아이디어를 떠올리는 기회가 됩니다.

어렸을 때 저는 집 근처 송어가 사는 개울 옆에 개울과 연결되는 큰 연못을 만들고 싶었는데 반세기 만에 그 꿈을 이루었습니다. 집 앞의 경사진 곳에 연못을 만들었는데 멋진 물고기들이 살게 되었지요. 이 연못가에 앉아 낚시하며 생각하는 시간이 좋습니다. 개울의 송어들은 이 연못에 사는 생물들을 먹이로 삼습니다. 그런데 어느 날부터 먼 곳에 사는 부유한 사람들의 낚시 클럽이 이 동네를 자주 찾더니 송어 개울을 사들이고, 제가 만든 연못도 갖고 싶어서 파격적인 제안을 해 왔습니다. 엄청 큰돈을 주겠다며 팔라고 졸라댔습니다. 물론 당연히 거절했습니다. 누구나 제가 누려 온 이 연못이 주는 기쁨을 온전히 즐기게 하고 싶기 때문입니다.

시냇물마다 저마다의 노래가 있다는 것을 아시면 좋겠습니다. 자연은 이렇게 마음을 가라앉히고 많은 아이디어를 떠올리게 하는 좋은 친구입니다. 변함없이 아름다운 자연을 지켜가면서 자연과 함께하는 시간 속에서 위대한 부자가 되어 보십시오.

저는 하나님을 믿고 설교하는 사람이지만, 종교가 없는

사람들에게 무리하게 종교를 강요하지 않습니다. 자연스럽게 대화하는 것을 좋아하고 선행을 하며 각자의 신념을 갖기를 바랍니다. 저는 시민의식을 강력히 지지하고 조국을 사랑하며 훌륭한 시민의식의 상징인 성조기를 교회와 집에 걸어 놓지만, 자랑스러운 미국주의를 말하지 않습니다. 어느 나라 어느 곳에나 좋은 선행을 실천하는 사람들이 많습니다. 그것이 중요합니다.

저는 제 꿈보다 훨씬 더 큰 성취를 이루며 살아왔고 제가 진행했던 일들이 먼 미래까지도 수많은 사람의 손길로 더 성장해 갈 것이라 믿습니다. 현실은 꿈과 같습니다. 무엇을 이룰 수 있는지만 생각하고 남을 위해 배려하고 고귀한 정신을 갖도록 노력하십시오. 원하는 것을 반드시 이룰 수 있습니다. 위대한 부자가 꼭 되십시오.

부록

부자가 되는 방법과 부자가 되어야 하는 이유
이것만은 꼭 기억해야 할 35가지 부자 명언

나폴레온 힐(Napoleon Hill)

열망은 목표보다 위에 있다. 열망은 인생 전반의 목표를 달성하는 청사진이다. 목표는 그 청사진대로 따라가는 과정일 뿐이다. 평생을 이끄는 열망이 있다면 목표를 달성할 가능성이 커진다. 목표를 이루는 데는 많은 노력을 들일수록 자신에게 오는 기회를 빠르게 잡을 수 있고 결정도 신속하게 할 수 있다. 무엇인가를 시도할 때 '이것을 이루는 일이 나의 열망에 맞는 일인가?'가 판단의 기준이 되면 된다.

로버트 기요사키(Robert Toru Kiyosaki)

부자가 되고 싶다면 먼저 자신의 마인드를 새로 수립해야 한다. 부자들은 시간을 효율적으로 사용하며, 자기 능력을 잘 발휘할 수 있는 분야를 찾아서 일한다. 부자가 되는 방법은 일단 돈을 벌기 위해 노력한다. 두 번째는 자신이 좋아하고 능력을 발휘할 수 있는 분야를 찾아서 열심히 하며 창의적인 생각을 할 수 있어야 한다. 세 번째로 절약하는 습관을 갖고 돈을 다루는 능력을 키우도록 계속 공부해 나간다.

탈레스(Thales)

가난하다면 뛰어난 자도 명예로운 자도 될 수 없다.

스튜어트 와일드(Stuart Wilde)

부자는 더욱 부자가 된다. 투자를 할 수 있는 여분의 수입이 있고, 부자로 지내는 경험을 통해서 불필요한 감정을 막는 방법을 알고 있기 때문이다.

조지 스타이너(George Steiner)

돈은 인간의 욕망과 목표를 실현하는 것에 중요한 역할을 한다. 그것은 일종의 집합적인 인간적 에너지이며 사랑의 형태이다. 그것은 유능하게 활용될 때, 인간을 자유롭게 만들고 창조적인 역량을 끌어내며, 전체적인 사회적 경제적 발전을 촉진한다.

나폴레온 힐(Napoleon Hill)

아무리 뛰어난 능력이 있어도 효과적인 계획을 세우지 않으면 부자가 될 수 없다. 계획이 어긋나더라도 한 번의 실패일 뿐이지 완전한 실패가 아님을 잊지 말라. 그냥 이번 계획이 별로였을 뿐이니 다음번 계획을 잘 세우면 된다. 실패하면 다시 계획을 세우고 도전하면 된다. 성공은 그런 과정의 반복으로 이룰 수 있다.

워렌 버핏(Warren Buffett)

모든 기회에 투자하려고 해서는 안 된다. 자신이 이해하는 사업 모델을 가진 회사에 투자하라. 그러면 정확한 정보에 따른 투자 결정을 내릴 수 있고 불필요한 위험을 제거할 수 있다. 부자가 되려면 먼저 자신이 좋아하는 일을 찾아야 한다. 그리고 그 일에서 뛰어난 실력을 발휘하며 노력해야 한다. 또한 지출을 적게 하고, 절약하는 습관을 들이고, 투자를 통해 자신의 자산을 증대시켜야 한다.

일론 머스크 (Elon Musk)

내가 부자가 되고 싶은 이유는 돈 자체가 아니라, 돈이 있으면 돈으로 할 수 있는 일이 더 많기 때문이다. 돈은 자유로움의 측면에서 중요하다.

발타자르 그라시안(Baltasar Gracian)

돈은 자신을 알아주는 주인만을 섬긴다. 돈은 자신의 가치를 진정으로 아끼고 사랑하는 주인을 위해 불어난다. 그리고 만족스럽게 주인을 위해 일한다. 하지만 아무렇게나 불어나는 것은 아니다. 돈을 다룰 줄 아는 현명함을 가진 주인 곁에서만 불어난다.

랄프 왈도 에머슨(Ralph Waldo Emerson)

사업가에게는 '벌어들이고 재투자한다'는 원칙만이 존재한다. 사업가는 자본가이며, 모든 인간은 자본가가 되어야 한다. 자신의 소득을 그냥 소비할지 자본이 되게 할지가 문제이다. 철학자들은 말한다. 욕망을 절제하는 인간은 위대하다고. 그러나 과연 인간이 낡은 집에 살면서 마른 콩을 먹는 것으로 만족해야 하는가? 인간은 부자가 되기 위해서 세상에 온 것이다.

리처드 브랜슨 (Richard Branson)

부자가 되기 위해 가장 필요한 것은 꿈과 열정이다. 돈은 성공의 결과이며, 목적은 아니다.

빌 게이츠 (Bill Gates)

돈은 인생에서 중요한 역할을 한다. 돈은 많은 선택권을 주며 이는 자유를 뜻한다.

조지 버나드 쇼 (George Bernard Shaw)

돈은 인간의 자유와 창조적인 역량을 끌어내며, 전반적인 사회적 발전을 촉진하는 중요한 역할을 한다.

로버트 프로스트 (Robert Frost)

돈은 세상에서 가장 중요한 것은 아니지만, 세상에서 가장 중요한 것을 갖게 한다.

하브 에커(Harv Eker)

부자가 되기 위해서는 목표를 설정하고, 목표를 달성하기 위한 계획을 세우며, 일상에서 자신을 발전시킬 기회를 놓치지 않아야 한다.

브라이언 트레이시(Brian Tracy)

부를 갖기 위해서는 구체적인 목표를 세우라. 그 목표를 종이에 적으라. 목표가 있는 사람과 없는 사람의 인생은 확연히 다르다. 목표가 분명해야 성공도 빠르다.

조지 오웰(George Orwell)

돈이 없다는 건 불편하다는 것이고, 치사한 걱정을 하게 하는 것이고, 실패자라고 의식하게 하는 것이며 무엇보다도 외롭다는 것이다.

나폴레온 힐(Napoleon Hill)

당신이 목적한 대로 돈을 벌려면 그것을 막는 당신의 약점을 제거하라.

나폴레온 힐(Napoleon Hill)

누구나 부자가 되고 싶어 하지만 부를 이룰 수 있는 계획을 세우는 사람은 거의 없다.

서머싯 몸(Somerset Maugham)

돈은 여섯 번째 감각과 같아서 그것이 없으면 나머지 오감도 제대로 사용할 수 없다.

펠릭스 데니스(Felix Dennis)

부자가 되고 싶은 열망이 있다면 누구이든 그렇게 될 수 있다. 문제의 핵심은 자신감이다. 해낼 수 있다는 자신감과 흔들리지 않는 믿음이 있다면 부자가 될 수 있다.

하워드 휴즈(Howard Huges)

나는 세계 최고의 골퍼가 될 것이며, 할리우드 최고의 영화 제작자가 될 것이고, 세계 제일의 비행기 조종사가 될 것이다. 그래서 나는 세계 최고의 부자가 될 것이다.

로버트 기요사키(Robert Toru Kiyosaki)

부자는 더 부자가 되고 가난한 사람은 더 가난해지며 중간 계층은 빚으로 힘들어한다. 바로 돈이라는 주제는 학교가 아닌 가정에서 가르쳐야 하는 이유이다.

데이비드 브룩스(David Brooks)

부자들은 가난한 사람들을 이용하지 않는다. 그들은 그저 가난한 사람들을 완전히 초월한 존재이다.

리오니드 S 스코루코프 (Leonid S. Sulchorukov)

부자와 가난한 자, 같은 행성에 살고 있는 서로 다른 세상.

시어도어 와이트 (Theodore Waitt)

부자가 되고 싶다면 직접 사업에 뛰어들라. 자본주의 사회에서 큰 보상은 자본가에게로 가는 것이지 그 밑의 관리자들에게 가지 않는다.

헨리 포드(Henry Ford)

부자가 아닌 대부분 사람은 문제를 해결하려고 노력하지 않고 문제의 주변만 기웃거리는 데 시간과 에너지를 쏟는다.

나폴레온 힐(Napoleon Hill)

무엇인가를 하기에 적당한 시간 같은 건 절대 존재하지

않는다. 기다리지 말고 지금 당장 시작하라. 지금 가지고 있는 무기가 무엇이든 그걸로 일을 시작하라. 더 나은 방법은 일을 하다 보면 생기게 된다.

잭 캔필드 (Jack Canfield)

'가능성의 법칙'은 우리가 많은 것을 시도할수록 그중 한 개 이상은 해낼 수 있다는 것이다. 문제가 어떤 것이든 우리를 더 부자로 만들어 줄 것이다.

빅터 키암(Victor Kiam)

부자는 장애물과 기회 사이에 차이가 없다는 사실을 제대로 이해하고 있는 사람이다. 장애물이든 기회이든 모두를 자신에게 유리하게 만들 수 있다.

에드워드 앳킨슨(Edward Atkinson)

부자들은 가난한 사람들이 어떻게 살아가는지 살펴야 한다. 가난한 사람들은 부자들이 어떻게 '일'하고 있는지 알아야 한다.

존 템플턴(John Templeton)

사람들은 부자가 되고 싶다는 말을 하지만 정작 경제신문을 보지 않는다. 경제적으로 성공하고 싶다면 평소 생활에서 우선순위를 정해야 하고 그 우선순위의 앞자리에는 '공부'가 있어야 한다.

사이토 히토리(Hitori Saito)

부자가 된 사람들은 불평불만을 하지 않는다. 이미 부자이기 때문에 불평불만을 하지 않는 것이 아니라 불평불만을 하지 않았기 때문에 부자가 된 것이다.

혼다 켄(Ken Honda)

부자가 되는 가장 중요한 비결을 묻는다면 "내가 좋아하고 잘할 수 있는 일을 하는 것이다"라고 답하겠다. 좋아하면 열정이 생기고, 잘할 수 있는 일은 경쟁에서 유리하다. 돈은 당연히 따라온다.

편역 **양부현**

소설가, 번역가
소설 〈스카치캔디 할머니의 비밀 주머니〉를 썼고,
다수의 공동 번역 작업에 참여하였다.

부의 길에
올라서라

초판 1쇄 발행 2023년 6월 19일

지은이 러셀 H. 콘웰

펴낸이 손은주 편집 이선화 김지수 마케팅 권순민
경영자문 권미숙 디자인 Erin 교정·교열 신희정

주소 서울시 마포구 희우정로 82 1F
문의전화 02-394-1027(편집) 주문전화 070-8835-1021(마케팅)
팩스 02-394-1023
이메일 bookaltus@hanmail.net

발행처 (주) 도서출판 알투스
출판신고 2011년 10월 19일 제25100-2011-300호